島田依史子

信用はデパートで売っていない

教え子とともに歩んだ女性の物語

講談社エディトリアル

解説
女性の自立を目指した教育者

私が文京学院大学で教鞭を執ったのは、一九八六年に男女雇用機会均等法が施行されてから六年後の一九九二年でございます。

文京学院大学は当時、文京女子大学という名称で、日本の四年制女子大学で初めて経営学部を設置したことで注目されていました。

「前略　ボーボワール様　一九九一年　やっと日本に四年制女子大学経営学部が誕生します　文京女子大学学長　島田燁子《あきこ》」というポスターが首都圏を走る電車内に掲示され、大変反響が大きかったとお聞きしています。そのポスターにはこうも書かれていました。

「女性は、コピーをとるために生まれてきたのではありません。人間として、もっと自分らしくあるために生まれてきたのです。そのために、女性として学び、考え、発想する新しい大学。それが文京女子大学経営学部です。一九九一年、日本の女子大教育の新しい時代が始まります」

当時、私が学生に教えていたのは、「女性論」や「労働法」などで、「女性解放思想」を取り上げていました。この講義を通して、若い人たちの精神面の自立を助け、かつて、女性が自立しにくかった時代、どういう思想が世の中を支配していたか、女性がどんな環境に置かれていたか、を教えて参りました。そして、これからどういう社会になれば、男性も女性も平等に輝けるのかを学生に考えさせてきました。労働省（現厚生労働省）に入省してから男女雇用機会均等法施行までに私自身が経験してきたことを学生に伝える良い機会だったと今でも思っております。

さて、この本の著者島田依史子《いしこ》氏は、文京学院大学をはじめとする学院創立者です。私は残念ながらお目にかかる機会はございませんでしたが、文京学院在職中には依史子イズム、「自立」そして「誠実　勤勉　仁愛」が脈々と受け継がれている様子がうかがえました。

この本は、文京学園（現文京学院）創立五十五周年を記念して、一九八〇年四月に『私の歩んだ道』という題名で発行されています。依史子氏ご自身の「履歴書」として、ご自身が歩んでこられた道をありのままに記述されています。

小さいころから、「女性に生まれたことを不利である」と意識し、日本の家族制度や「女に教育はいらない」という世の中の風潮にも不満を持ち、男のほうが女より何ごとにつけてもすぐれているのだという一般論に納得できないという気持ちがある少女のようでした。私が「女のくせに、女だてらに」と言われない世の中にしたい、と労働省時代に奔走するずっと前から、女性のあり方に疑問を呈して、自ら行動に移していた依史子氏には大変感銘を受けました。

依史子氏は関東大震災の惨事を目の当たりにし、翌年の一九二四年に「手に職をつけて女性に自立をさせたい」と「島田裁縫伝習所」を創設します。この時、弱冠二十二歳。その後、日本の高等教育の未来を見据えて、次々と学校を設立していきます。ただ、校地拡張問題はいつもついてまわる難題で、後ろ盾のないたった一人の女性が立ち向かう様は、読んでいてもハラハラしてしまいます。戦中戦後も苦境に立たされます。ただ、依史子氏は自分を信じ、何事にも誠実に、勤勉に向き合うことで、人の信頼を得て、諸問題を乗り越えていきます。

「信用はデパートで売っていない」これは、生前、依史子氏が生徒たちに伝えてきた言葉です。まじめにそして誠実に、人から信用を得て常に先を見据えて前進してきた依史子氏だからこそ、伝えられる言葉でありましょう。

この本をお読みいただくと、大正から昭和を「女性の自立」のために一生を捧げた一人の女性から、何かを感じ取っていただけるのでないかと思います。

日本ユニセフ協会会長　赤松良子

二〇二三年十月二十三日

赤松良子（あかまつ　りょうこ）プロフィール

一九五三年、東京大学法学部卒。労働省に入省し、七五年に女性初の地方労働基準局長に就任。八五年、婦人少年局長として立案を進めた男女雇用機会均等法が制定される。九三年に文部大臣に就任。二〇〇八年から日本ユニセフ協会会長を務め、現在に至る。

装幀　ニマユマ
装画　網中いづる

信用はデパートで売っていない　教え子とともに歩んだ女性の物語

本書は、一九八〇年四月一日に、文京学園（現文京学院）創立五十五周年記念として刊行された島田依史子著『私の歩んだ道』を底本とし、改稿したものです。一部表記に関しては、時代背景を踏まえ、現在では使用されていない執筆当時の呼称、組織・団体名なども混在しております。ご理解ください。

はじめに
歴史の流れの早きを思いつつ

　五十五年、経ってしまえば早いものです。しかし、いまふりかえってみますと、それはやはり長い道程でした。本郷追分《ほんごうおいわけ》の地に、女子教育を私の一生の仕事と定めて、小さな看板を掲げたのが二十二歳の大正十三（一九二四）年四月でしたが、それから五十五年という波瀾万丈《はらんばんじょう》の歳月が流れたのです。

　思いかえしてみますと、前年九月一日の関東大震災を人生の転機として、知識も経済力も無い故の不幸があまりにも多かった当時の女性の味方になろうと、私は決意を固めて立ち上がったのでした。考えに考えた末のことでしたが、まったくの独力で歩こうとする微力の私にとって、それはずいぶんと困難な仕事でありました。

　私学は、まず教育理念で、常に明確かつ新鮮でなければなりません。そして時代に流されることなく、時代の行く手をいつも読みとったものであることが必要です。同時に経営面においても、安定と均衡がなければ発展はおろか、存続すらでき得ないでありましょう。昭和というこの激動の多かった時代の中で、将来の見通しを立てることはきわめて困難でしたが、一歩ずつの堅実な前進を図りながら、どうにかここまで歩いてきたというのが、私の実感です。

あの長い戦争中も、生徒たちの無事をなんとか守り抜いて、終戦を迎えたときは、学園もまさに荒廃そのものでした。そして戦後の立ち直りは早くはできませんでしたが、今日、幼稚園から中学、高校、専門学校、短大と、それぞれにどうやら基礎は整えることができました。この間、開校以来今日に至るまで、何と多くの方々のお力添えをいただいたことでしょう。教職員たちもよく私の考えを理解して、誠実に、勤勉に、私を助けて、共に歩んでくれ、旧ＰＴＡや後援会の方々も、長い間にわたっていつもご熱心にかわらぬご支援をしてくださいました。ほんとうにありがたいことです。

幸い後継者の和幸《かずゆき》も、私の意を体して、学園の発展に努力を傾注してくれております。生徒かわいい、かわいいで、いつの間にか過ぎてしまったような五十五年でした。苦労も数限りなくありましたが、私の教えを多として慕ってくれる、おおぜいの生徒たちの親しみのこもったまなざしの中で、私は来し方をふりかえり、そして、行く末を幸せなものとして展望しております。

狭い所から始まった学校でありますだけに、常につきまとう校地拡張の問題も、いつも天佑神助《てんゆうしんじょ》と感謝できる結果になりましたことは、私にもっともっとこの道で努力せよという、天のありがたいお励ましの声とも受け取れます。けれど、私も七十七歳を過ぎ、若かった昔の、昼も夜も日曜日でさえも、疲れを知らずに働けたあのころを懐かしく思い出す年となりました。

私が五十五年前に、種をまいて育ててきたこの学園が、あらゆる風雪に耐え、これからますます大地にしっかりと根を張って、美しい花や、豊かな果実や、あるいはやすらかな憩いの日陰を、長く長く多くの人たちに与えることのできますことを、私は心から願うものであります。

ここに重ねて、今日までお世話になった多くの方々に、心からの感謝を捧げ、これからも学園の行く末をいつまでも見守ってくださることをお願い申し上げる次第でございます。

昭和五十四年十月

島田依史子

信用はデパートで売っていない 目次

1　少女の時代

本郷かいわい

私は、明治三十五（一九〇二）年二月十六日、本郷の東京帝国大学近くの住宅地の一隅に、一介の庶民の子として生を受け、ごくふつうの幼少時代を送った。

本郷といえば、まず現在の東京大学である東京帝国大学や旧制の第一高等学校（現在の東大農学部がある場所にあった）があり、学生の多いごく地味な土地柄であった。「孟母三遷の教え」ではないけれど、柏の徽章《きしょう》に白線入りの帽子をかぶり〝嗚呼《ああ》玉杯《ぎょくはい》に花うけて……〟と吟じながら朴歯《ほおば》の下駄を響かせて歩く一高の生徒や、角帽姿の東大生たちを子どものころから身近に見つつ育ったことは、私の一生にたいへん大きな影響があったように思う。一高前の追分尋常小学校（現在の文京区立第六中学校がある場所にあった）に通いながら、勉強好きの私は、なぜ女は男と同じように学問することができないのかと、男女の差別のはなはだしさを見たり聞いたりしつつ考えるようになっていったのである。

当時、町内には、立派な門構えの大きな屋敷もあった。そういう家には、そのころまだ珍しかった大きなラッパのついた蓄音機（レコードプレーヤー）があり、ときどき近所の子どもたちを集めては聞かせてくれ、私もよく出かけていったものである。また、その家には稲荷《いなり》神社があって、初午《はつうま》祭りなども催して、子どもたちを喜ばせてくれていた。

一方、一般の町家では、共同で使う井戸があって、おかみさんたちがその周りに集まって洗濯をしながら、いわゆる井戸端会議をやっていたが、それはけっこう楽しそうな風景であった。

私の家にはすでに水道が引いてあり、電灯がともっていたが、当時一般は、まだランプの生活であった。ランプの火屋《ほや》（ガラスのおおい）を磨《みが》くのはどこの家でも日課のひとつだったようで、たいていは朝の仕事になっていた。火屋磨きの次は、天気がよければ洗濯、その次が掃除というくりかえしで、この仕事の上手な人が良い奥さん、良いおかみさんなのである。

そのころは、毎日、八百屋や魚屋などのご用聞きと称する小僧さんが各家庭の勝手口へ回ってきた。こういう小僧さんたちがやがて商売を覚え、独立して店を持ち、お嫁さんをもらうことになる。それは、まじめに一生懸命働いた人に限られていたのだから、一人前の商人になるのもたいへんなことだと思われていた。

「本郷も、かねやす（有名な小間物店で、本郷三丁目の交差点近くにあった）までは江戸の内」と言われたように、本郷も三丁目までがまずまずの都心部であって、府下といわれた中野あたりから先が発展したのは、じつに大正十二（一九二三）年の関東大震災以降のことである。大震災で焼け出されて家を失い、新しい土地を求めて移っていった人が多かったからだが、中野あたりに引っ越したと聞くと「まあ、なんて遠いところへ行ったのでしょう」と言われたほどであった。

そのころ、池袋あたりはまだ畑が多くて、小川で大根を洗っている人をよく見かけたものである。まさに隔世の感がある。

不利な女の自覚

後年、私は学校を開くことになるが、私がおぼろげながらこういう自立の道を進もうと考えたのは、十代のころであった。それは、私が女性として生まれた宿命と、島田家のひとり娘であったために家の跡継ぎ（他家に嫁に行かず、婿をとって家を継ぐこと）をしなくてはならないという運命の自覚に始まった。

ひとり娘であることはしかたがないとしても、女性に生まれたことは何かにつけて不利である。そんなことを意識し始めたのは、私が小学校の四年のときであった。追分尋常小学校の校庭には、夏になると、よしず（よしを編んだすだれ）を張って日よけを作ってくれていたが、そこに立って男の子と女の子が遊んでいるのをながめながら、世の中には男と女がいるのだが、なぜ自分は不利な女のほうに生まれてきたのだろうとよく考えたものであった。

子どもたちを観察するだけでなく、そのうちに近所のおじさんやおばさん、おじいさんやおばあさんたちの暮らし方や、人間としての生き方についても観察を始めたのである。

その時代には、男の甲斐性《かいしょう》として誰もがとがめず、あたりまえのことのように思われていた妾宅《しょうたく》が、町内にも何軒かあった。森鷗外《もりおうがい》の小説『雁《がん》』の中にも、お玉さんという薄幸の美しい娘が高利貸の囲われ者として登場するが、こういう女性の運命を誰も不思議がらず、むしろ美人に生まれ、それのみを一種の武器として生きることの幸せを、うらやましいかのように受け取っていたのである。

私は、子ども心に、美人でない自分の女としての生き方や将来を考えてもみたが、女性は男性にくらべてなんと自由が乏しく、不利な条件が多いのかとため息をつかざるを得なかった。

読書の楽しみ

町内の人々も、だんだんと年を重ねていく。正月の来るたびにひとつずつ年が多くなり、大人になって、老人になって、そして死んでいく。生まれた赤ちゃんをやがて子ども、大人と見ていき、そして、町内で一年に何度かはある葬式を見ていると、人間はいつかは必ず死ぬのだということを知る。自分自身を見つめながら、私は人間の一生ということを、子どものころからよく考えたものであった。人生問題に興味を持って、なんでも見てやろう、聞いてやろうと思い、人の話にはことさら耳を傾けた。そのうちに、いつのころからか、本を読む楽しみを知るようになった。読み始めたらおもしろくてたまらなくなり、読書好きというより、字の書いてあるものはなんでも読まなければ気が済まないほど、極端な読書好きになっていった。

しかし、その読書がじつは自由ではなかった。だいいち、よほどの知識階級の家庭でないかぎり、読み物を平素からそうたくさんは買ってはいない。私の家も同様であった。それに、若い娘が本を読みふけることは、怠け者のように批判される時代でもあった。そういう不利な条件もあったが、読書の楽しみを覚えた私は、本こそ、経験しないすべてのことを、あたかも経験したかのように教えてくれる、偉大な教師のようなものだということを知った。

読書によって、人間はじつに多くのことを学ぶことができるのである。しかし、読書をするには文字を知らなければならず、その文字を教えてくれるのが学校なのだと思うとき、学校ほどありがたいものはないのではないかと、幼いころから私は考えるようになったのである。

お嫁さん

町内のどこかの家へお嫁さんが来るという話を聞くと、近所じゅうの人がその家の前に集まってくる。もちろん子どもたちもたくさんやってくるから、がやがやとにぎやかなことであるが、それは都会でも農村でもだいたい共通していたらしい。そのあとで、そのお嫁さんたるや、井戸端会議のかっこうの話題となるのであるが、なぜかご主人であるお婿さんの批評はあまりしない。しかも、お嫁さんをほめる言葉は、さっぱり聞こえてこないのである。

そのころは若い夫婦が連れだって歩くことも遠慮され、お嫁さんはもっぱら働くことが専門であった。やがて、姑《しゅうとめ》さんとお嫁さんの仲が、とやかく取り沙汰されることになる。現代のように、戸籍そのものも結婚と同時に新夫婦が独立して別になる時代と違って、そのころは嫁が姑にいじめられることが多かった。家風に合わないからと婚家を追い出されて、泣く泣く里（実家）に返される嫁も珍しくなかった。だが、そんなとき、再婚しようとしても、二度目となるとなかなか良縁がないのがふつうであった。

戦前のように、女性に対する純潔教育、貞操第一の教育も一面ではけっこうであり、現代のような極端な無節操はこれまた考えものであるが、昔の女性の結婚の失敗ほどあわれなものはなかった。私は、そういう姿を観察しながら、男に生まれなかった自分の不幸せをつくづくと考えていたのである。

母のこと

私の母・キンは、島田家に嫁入りして以来、舅《しゅうと》、姑のふたりに仕えた。しかも、いわゆる小《こ》姑《じゅうと》が近所に所帯を持っており、その夫も同じ島田の籍に入れるほど、両親の寵愛《ちょうあい》を受けていた。母は、その夫婦とふたりの子どもにたいへんな心遣いをしていたようで、子ども心に母の貞女ぶりを感心というよりあわれに思って見ていた。それも、日本の家族制度がしからしめるところなのであった。

母の父は徳川幕府に仕えたいわゆる直参《じきさん》で、駿府《すんぷ》（駿河国《するがのくに》にあった都市で、現在の静岡市）に徳川氏が引きこもるときに、一緒についていった武士であった。母の実家の伊藤家にはその折持っていた大刀が残っていて、叔父はよくそれを抜いて見せてくれた。また、茶色に変色した写真には、ちょんまげに二本差し、羽織袴姿の祖父の立ち姿が写っていたが、明治のはじめごろは写真を撮ると命が縮むといわれたのに、よく写したものだと感心したりもした。

母は娘のころに華族の家へ行儀見習いに上がったというが、身についた品の良さは、美しい姿

心の支えになってくれた母

形とともに私などとうてい及ばぬところがあり、意志の強さと辛抱強さにかけても人一倍のところがあった。私は、あの母に育てられたから今日あるのだと思い、今でも感謝の心は筆舌に尽くしがたい。もしも、母が先に死に、父があとに残ったなら、私のようなむずかしい性質の者は、どうなっていたのだろうかとよく思う。

とはいうものの、母は私を育てるのに、たいへんな心遣いをしたらしい。私は母から一度もしかられたことがなかったが、何でも見通していると思われる母の顔と、威厳ある態度の前には手も足も出ず、口答えひとつすることができなかった。

父のこと

小さいころから、よく父と母を見くらべていたが、どう考えても母のほうが人物的に上に見えてしかたがなかった。父はひとり息子だったせいもあってわがままであり、多少の家作（貸家）を持っていたためか、後に述べるような昔の日本男子特有の短所を持っていた。したがって、私は母ほど好きにはなれなかったが、その父を夫として、至れり尽くせりに貞淑に仕えている母を見ているとあわれに思えてならなかった。

父も含めて当時の男性は一般に亭主関白であり、妻の人格を認めずにただただ自分のわがままを通し、いつもいばって暮らして、自分だけがぜいたくをしていた。女に生まれた宿命とは、夫に仕え、舅姑に仕え、小姑にいじめられても我慢に我慢を重ねて、ひたすら家の存続のために身を粉にして働いていくことである。それが立派な貞女の生き方なのかと思うと、私はつくづく女に生まれた宿命にいや気がさしてきた。

そのころ、島田の家では私の祖父が死亡して父が財産を相続したのであるが、その財産の中でいちばん大きい家作に、酒屋とその住居があった。その酒屋の主人は勤勉家で、利口者であったので、お人よしの父に取り入っては何かと飲ませたり喜ばせたりしていた。それは借家を自分の持ち家として譲り受けたいという魂胆からであったようで、この人に父はまるめこまれてしまった。どこにでもよくある話である。

ところが、その話を聞いた母が、ふだんは腹を立てたこともないのに、このときばかりは烈火のごとく怒り、それは見ていてもものすごかった。

「ご先祖様からお預かりしている財産をなくすとは、何ごとですか」

と言って、すぐ父を追い立てるように、

「何でもいいから、それだけのお金を使って、大きいもの（不動産）を買ってきなさい」

と命令口調で言ったので、父はいたたまれずに出かけていったのである。そんな一件からも、私は父より母のほうが人間的に上手《うわて》だと思わざるをえなかった。

大正2年ごろ、本郷通りの追分尋常小学校全景（現文京六中）

追分尋常小学校

私は二月の早生まれだったので、数え年では七歳で追分尋常小学校に入学した。新しいことを教わる生活はじつに楽しく、そして、うれしかった。ことに、この小学校では、三年から六年まで師範学校出身の優秀な先生が受け持たれ、厳しく教えていただいたことはほんとうにありがたいことで、精神が自然にしっかりしてくるのが自分でもわかるようであった。

三年のときの田中はん先生はめったに笑った顔を見せない女の先生で、運動場に立って、児童の自然の動きをじっと見ていらっしゃったのが印象的であった。先生たちの教え方はいずれも厳格であったが、私の通知簿は一年のときから「全甲」を通すことができた。父はよく、「成績がだんだん落ちていく人間は、何年かたつうちに短くなってしまうすりこぎのようなものだ」と言った。私はすりこぎにはなりたくないものだと思い、六年間一日も学校を休むこともなく、全力をあげて勉強に打ち込んだ。

男性は、こんな調子で二十五歳ぐらいまで学校に通って勉強ができるのだから、幸せなものだと思ったのもこのころである。その当時は女に教育はいらないといわれ、文字のまったく読めない人までいた世の中であったのに、こんなことを考えたのは、東京帝大や一高がある本郷区（現在の文京区）に生まれ育って、そういう学生たちの姿を日常目にしていたせいかもしれない。

私の女ぎらいは、年を重ねるにつれて強まっていった。そして、男のほうが女より何ごとにつけてもすぐれているのだという一般論が納得できない気持ちになって、小学校同学年は男組と女組が一クラスずつであったが、私は男と競争をしようと対抗意識を強く持つようになった。

このような勝ち気の性格が結局はすべてに損をすることになるのだと悟ったのは、ずいぶん後の話であり、その当時は、習字（書道）など男女を通じて私がいちばん上手だといわれたりすると、得意になっていったのであった。

父の死

父は、私の学業成績がよいのを喜び、当時の女性としては可能なかぎり、私に教育を与えよう

小学校に入学したころ（前列中央）

と思ったらしい。そのせいか、毎晩、新聞の夕刊を読ませられるようになり（当時の新聞はふりがな付きであった）、それは小学校三年ぐらいからの日課になっていた。父は勤めより帰ってから夜は晩酌をやり、ひとりでごちそうをつつきながら聞いているので、暴君のようでいやだな、と私は内心で思いながら読んでいた。しかし、今から考えてみると、この新聞読みがやがて私の読書力を高めるもとになったのであって、そのことにはやはり感謝しなければならないと思う。私は、新聞をつかえないで読もうと一生懸命努力した。

「おまえは勉強が好きだから、お茶の水（当時の東京女子高等師範学校でお茶の水女子大学の前身。現在の東京医科歯科大学の場所にあった）に入れてやろう」

と、父は口癖のように言ってくれていた。

もしも父が長生きをしてくれていたら、あるいはそういう幸いがあったかもしれない。そのかわり、父より先に母が死んで、あまり好きでないこの父に後妻が来て、その人と合わなかったりしたら、私はきっと家を飛び出していたであろうと思うと、運命の綾《あや》の不思議さを感じるのである。

しかし、そのような父もやがて病気にかかり、ついに帰らぬ人となった。わがままとぜいたくのしほうだいの夫を持った母は、辛抱強い貞女ぶりのうちに未亡人になってしまった。私が満十二歳、母が三十九歳のときで、祖母との三人が残った家庭となった。

初七日、四十九日と法要のたびごとに、親類じゅうが家に集まって財産分けの話し合いが行われた。

姑が残っていることもあって、父の実の妹がわがもの顔にふるまう様子を、私ははらはらしながら見ていて、嫁の座の弱さをつくづく感じた。

母はそのとき、

「皆さん、欲しいものは何でもお持ちください。私にはご先祖様をお守りする役目がありますから、この仏壇だけ残してくだされればけっこうです」

と言っていた。

叔母のこと

その後、しばらく経って、母が話したことがあった。

「あのように人の家のものを欲しがる人は、見ていてごらん。けっして自分の身にはつかないのだから、どんなに欲張って持っていっても、今にみんななくしてしまうよ」

その言葉は私の心にいつまでも残り、後の私自身の独立心の涵養《かんよう》に強く役立つことになった。

父の妹である私の叔母は、法事に着る親族みんなの着物を新たに作らせ、母にそれを支払わせた。家じゅうの欲しい品物を手あたりしだいに持っていき、最後に餅つきの臼《うす》と杵《きね》も積み込んで荷車を引かせて出ていった。

その夜のちょうちんの明かりを今でも思い出すが、それを見送って戸を閉めてから、母は言った。

「あの叔母さんは、今にお金もものもみんななくして、最後にはおまえの世話になりにくるだろうよ」

後にこの叔母は長生きこそしたが、子どもふたりに早く死なれ、夫にも先立たれて、それから何年か後に私の母が死んだあと、私の世話になりたいと泣きながら頼みにきたのである。私は母の予言が的中したことに驚いたが、結局その叔母が間貸しをして暮らせるような家を別に用意してあげた。叔母は、晩年をずっとそこで過ごして私に感謝しながら死んでいった。

家長の横暴

父の病気は肺結核であった。昔は、肺病と聞いただけで、それは死の宣告と同じであった。根治させる薬はなく、身代をつぶすまでながながと患《わずら》い、そして、死んでいく。

当時、駿河台の杏雲堂《きょううんどう》病院は呼吸器の内科で知られた病院で、そこに入院した父の看病のために通う母の姿を見ながら、いったいこの人はなんという不幸な人だろうと思った。嫁に来て以来やかましい舅姑に仕え、小姑に奉仕し、小姑にいじめられ、そして暴君のような夫に仕え、自分を捨てきった生活のどこに楽しみを見つけていたのだろうかと、母を悲しく思った。そのころの嫁の座のみじめさをしみじみ知るとともに、では、自分だったらどう生きるか、ひとりの人間として、ひとりの女として、どんな生き方ができるのか、そんなことを子どもながらに真剣に考えるようになっていった。

そのころ、病中の父が母に、

「私が死んでも、おまえはだいじょうぶだよ。イシがいるからね。きっとおまえを大事にしてくれるよ。だけど、私はだめだ」

と語ったという。

だめだというのは、病気全快をあきらめた言葉か、自分は娘に慕われていないことを知っての言葉かわからない。しかし、どうやら後者のような気もする。

とにかく、私はどういうわけか父が元気なころから好きにはなれなくて、父がどこかへ連れて行ってあげようと言っても、外へ逃げていってしまって母を困らせてばかりいた。つかまって着がえをさせられ、父に連れていかれた帰りには、きまって料理屋に入ったが、私は、母への土産を同等以上に包まないうちはけっして食べないと言ってがんばった。

くどいようだが、家長の横暴さと、自分だけがぜいたくをしているそのころのふつうの男の生き方が、私にはどうしても我慢できなかったのである。

入試に失敗

そんな父親であったが、涙の出るくらい父親をありがたいと思ったことが、私にもただの一度だけある。それは、府立第一高等女学校（都立白鷗《はくおう》高等学校・附属中学校の前身）の入学試験のときであった。

小学校六年を卒業するとき、担任の佐藤京先生が、竹内圭子さんという人と私に、第一高女の入学試験を受けさせてくださった。このふたりはクラスで一番二番を争いながら六年までできたが、竹内さんは、後に数学者として世に知られた竹内端三《たけのうちたんぞう》氏の妹さんである。それだけに、竹内さんは算術がとくによくできる人であった。府立第一高女は、当時、高い水準の学校であったが、私は、この入学試験に絶対の自信を持っていた。ところが、結果的には不合格となって入学はできなくなったのである。私の運命は、これをもって大きく変わったのであった。

勉強が好きだったから、学問ひとすじに生きたかったのに、それができなくなった無念さが私の心に大きく残った。あのとき、第一高女に入学できて、やがて御茶ノ水にあった東京女子高等師範学校へと進むことができていたらと思う気持ちが、正直言っていつまでもあったのだが、それはグチというものであろう。

当時の入学試験は、最初の学科試験で合格者の受験番号が張り出され、次に身体検査でふるいにかけられて、最後に残った者が口頭試問（面接）を受けることになるのであった。私は最終段

尋常小学校卒業式で。前列中央が担任の佐藤京先生、
2列目右から2人目が私（大正3年3月）

階の口頭試問まで進み、けっして間違った答えはしなかったつもりだが、結果は補欠であった。

　私の父も、娘の実力を過信していたから、補欠ということを聞いたときに、「絶対に落ちるはずなどない」と叫んで、病中をおして起き上がり、学校へ談判に出かけていった。それは、雪の降る寒い寒い日であった。もちろん、第一高女がそれに応えるはずはなかったけれど、このときばかりは父の行為が心からうれしかった。

要領の悪さ

　あとから考えてみると、要領のよさなどおよそ持ち合わせぬ私は、口頭試問の際、なんでもばか正直に答えすぎたようである。家庭状況や、資産などがかなり重く見られた時代であった。お正月のようないい着物を着てきて、実際以上の財産家の娘であるかのように答えたと私にもらした人が合格したことを知って、それなら自分は将来とも正直に暮らして、どこまでいけるか試してみよう、と私は憤慨した。

とはいえ、今になって往時を回想してみると、私の答え方に、そのころすでに備わっていた批判的な態度が現われていて、試験官の先生方の心証を悪くしたのに違いないのである。

私は、私を含めた八人の補欠者は、やがては合格者として繰り上げてもらえるものと信じて待っていたのだが、それは甘い期待にすぎなかった。自分の思い通りにならぬこともある、という現実の厳しさを知らぬ愚か者だったと言えよう。

その年の十一月に父は死に、私の運命は大きく変わってしまった。私だけが頼りとなった母は、いささか変わり者の私を押さえつけることに方針を改めたのである。あまり教育をつけないこと、早く結婚させること、そして、転任などでひとり娘を遠くに連れていかぬ相手を選ぶこと。放っておくと何をしでかすかわからぬ娘を自分の手もとで制御するためにも、私と一緒に暮らせば安心だと考えた母は、母なりの策をめぐらしたのであった。それは母としては当然であったろうが、私は結局、父に死なれて伸びそこなってしまったのである。

本郷高等小学校から東洋家政女学校へ

私は、第一高女から繰り上げ合格の通知がくるものと信じていたから、私を入学させてくれる他の女学校をさがすこともせず、本郷高等小学校へ一応入学して吉報を待っていた。しかし、結局繰り上げ合格通知は来ないままに終わった。

　高等小学校の生活は何となく気に入らないことが多かった。とくに、男性の体操教員の依怙贔屓《えこひいき》が我慢できず、わざと反抗的な態度をとったりした。

　その結果、今までもらったことのない「乙」が、第一学期の通知簿の体操の成績についた。この当時の成績は、甲・乙・丙・丁で評価され、乙は上から二番目の評価とはいえ、それまでの私は「全甲」の成績を誇っていたのである。私は、体操が乙であっても他の科目との合計点では必ず学級で一番の成績をとろうと思った。けれどもほんとうに競争をするのならば、もっと秀才が多くいる別の学校へ移らなければだめだから、高等小学校は一年の終わりでやめようと決心した。

　しかし、一度入学試験に失敗しているので、正しい返答をして不合格になるくらいなら、入学試験を受けないでも私を認めてくれる学校を選びたいと思った。しかも、高等小学校の一年間をむだにしないよう、二年生から編入させてくれる学校に入学したいものだと、ずいぶん虫のいいことを考えて母に話したのである。そこで、母が出入りの植木屋の親方に相談したところ、その人の娘が通っている女学校の校長先生に話をしてくれた。結果として、私は二年に無試験で編入させてもらった。その学校は、神田区（現在の千代田区）北神保町《きたじんぼうちょう》にあった東洋家政女学校である。

　私はこの女学校の普通科二年に入ったのであるが、ここでの体験が、私の一生の運命を大きく変えることになった。批判的な性格を持ち、生意気になっていた私は、ほんとうのことを言うと、この学校も気に入らなかったのである。校長先生は別としても、あとの先生は全部気に入らなかった。私は、あばれだしたい気持ちをやっとのことで抑えて毎日を過ごしていた。

師範学校出の先生

だいたい、当時の小学校の先生は師範学校出身者が多く、その人たちはたいてい地方の高等小学校二年生の中から選びぬかれた人たちであった。その家庭を教員が訪問し、「学費をかけないでこの子を教育しようと思ったら、師範学校へ入れなさい。費用もかからないし、成績の優秀な子を伸ばす手段としては、これ以外の道はありません」と親を説得し、師範学校卒業後何年間かの義務年限を小学校に勤めればあとは自由だと教えた。こうして師範教育を受けたすぐれた教員が、その当時は全国の小学校で初等教育を担当していた。

これらの教員養成制度は敗戦後に廃止されたが、この取りかえしのつかない失敗は、識者の間で反省の意見も出たようである。私は長年過ごした学校生活中でも、師範出身の優秀な先生方に教えられた小学校時代が、後の長い人生道中における、大切な根の時代の養分になっているように思えてならない。

教育を担当する者には、それに対する認識と情熱と能力が兼ね備わっていなければならず、精神教育の大切さを忘れた者は真の教育者ではないと今でも思っている。小学校で立派な先生に教えられたため、私は他の学校へ進んでから、すぐに小学校時代と比較して、先生たちを尊敬できなくなっていたのは、じつは私の一大不幸であった。

さて、率直に言って、二年に編入したばかりの女学校で、私は先生たちの教え方のまずさをまっ先に感じた。悪い癖でさっそくそれを指摘したあげく、教師としての目がないとか、力が足りないとか言って非難したのである。そして、もっといい学校、もっと立派な先生のいる学校へ行きたいと考え、勉強道具をまとめて家に帰ってきてしまったのは、入学してやっと一ヵ月経ったころであった。こうして、私は、おとなしくない生徒、どこでもきらわれる生徒になっていたのである。

母の意見

勉強道具を全部かかえて帰ってきたものの、涙は止めどなく流れ、ただ自分の部屋に入って泣いていた。そして、心配して飛んできた母に、学校でのことをあれこれと言いつけ、同意を得ようと思った。ところが、黙って聞いていた母は、案に相違して次のような言葉を厳しく私に投げつけたのである。

「おまえの気に入るような女学校はどこにもないから、もう学校は探してあげない。おまえのような娘は、学校へ行くより女中奉公に行って苦労したほうがいい。だいたい、おまえの言うことを聞いていると、先生の批判だけして、教え方が悪いということばかり言っている。教え方が悪いのではなく、おまえの教わり方が悪いのだ。教え方の立派な先生、気に入る先生など、おまえがいくら探しても、この世の中では見つかるはずがない。だいいち、よい先生に会わなくては何ひとつ覚えられないなんて、おまえは意気地なしだ。昔の偉い人は、教わらなくてもいろいろのことを覚えた。教えてくれない先生に出会ったら、教わらなくても覚える方法がないものかとなぜ考えない。おまえも、たいして利口者ではないね」

母の話を聞いているうちに、私は、はっと気がついた。この短い言葉の中に、無限の教えがあったのだ。今でも思い出すと、この母の一言ほどありがたい言葉はない。後に大人になって世の中に出てから、どこで意地悪をされても、誰も教えてくれなくても、自分ひとりで考え、ひとりで努力して歩けるようになったのも、母のおかげである。自分で足を棒にして、むだと思っても、経験を積む修業だと思って歩いていくうちに、必ずよい知恵が出てくるものなのである。

中村歌扇の芝居

母はどちらかというとあまり話をしないほうであり、家の者にも他人の悪口やかげ口を言ったことのない人であった。ふだんは私の話を上手に引き出す聞き上手であった。私は、母と比較してしゃべりすぎる自分をよく反省することがある。その点だけでも、母のほうが人物が上だと思っている。長火鉢《ながひばち》の向こうとこちらにすわり、母から上手に聞かれると私は得意になってしゃべりだし、話しだすと、きりがなくなるのだった。

そのころ、神田三崎町に神田劇場という芝居小屋があった。その絵看板を見てきて話をすると、たいていは日曜日に見にいっていいという許可をくれた。ただし、ひとりきりという約束であった。母は、私が友だちを連れてくることを好まなかった。それは、私が友だちに誘われて動くことを好まなかったからかもしれない。考えてみると、私が何でもひとりで考え、ひとりで行動する癖は、そのころにつけられたように思われる。

旅行もひとりで計画し、ひとりで出かけていって、旅先でその土地の未知の人をつかまえて話を聞くのがまことにおもしろいのである。すでに知り合った友人とだけ、限られた話題のおしゃべりの花を咲かすよりはるかに有益ではないか。母の死後昭和十七（一九四二）年に行った中国大陸旅行や、昭和三十五（一九六〇）年の欧米旅行が、たったひとりで不自由なくできたのも、この当時つけられた習慣によるものと思う。

さて、神田劇場には、中村歌扇《なかむらかせん》というすばらしい女優が、妹の歌江《うたえ》と一緒に出演していて、人気絶頂であった。旧劇におけるその男役が、とても見事で話題を集めていたのである。観劇のあと、家に帰ると早々に私は、逐一その演技を身ぶり手ぶりよろしく母に話して聞かせ、喜ばせるのが常であった。

考えてみると、適当な不良化防止と、情操教育も少しは必要と許してくれたのであろう。母は、何度誘ってもそこにはついに一度も行かなかった。しかし、後年母が年老いてから、私は、歌舞伎座の芝居や、新橋演舞場での曾我廼家五郎《そがのやごろう》の喜劇によく連れていったが、母はとても喜んでくれた。

大野先生

いったんは中途退学を決意したのだが、母に諌《いさ》められて、私は仕方なくもとの学校に戻った。しかし、どうしても自分のほうが正しいという考えだけは消せないので、ついに私は意をけっして、校長のところに先生の教え方の悪さを言いつけにいってしまったのである。

私も学校を開いて校長になってから、よく先生のことを言いつけにこられたことがあるけれど、さすがにそれは生徒ではなくて母親である。小学校でもＰＴＡの盛んなところほどこういう話が多いそうだが、私は言いつけにこられたとき、直接すぐにその教師に注意を与えることはしない。しばらくその教師を観察し、別の話に作りかえたり、他人の話のようにしたりして、それとなく座談的に話して聞かせ、本人に気づかせるようにしてきた。

それは、私のこの女学校二年のときの苦い経験にもよっているのである。担任の大野先生は、若いころ有栖川宮家《ありすがわのみやけ》に仕え、女性としてはいろいろな技芸にも通じていた人で、結婚歴がなく、理論一点張りの先生だった。しかし、私はこの大野先生がきらいで、ついに校長先生のところへ行き、自分の見解を述べた。

「大野先生の教え方は、間違っている。とりわけ、私が縫ったものなのに、母親に手伝ってもらったろうと満座の中で恥をかかせたのは軽率である。子どもが一生懸命縫ったものと大人が縫ったものとの区別がつかないようでは、教師として尊敬できない」

と校長に言いつけたところ、校長はすぐに大野先生を呼んで注意したらしい。これ以後私はたいへんな憎まれどおしで、大野先生から毎日じつにつらく当たられた。

思えば私がばかだったわけで、こういう性格が世の中を知らぬ直情径行型というのであろう。しかし、私は私なりに堪えるのにかなり苦労をした。くやしくて泣きながら、とぼとぼ帰る毎日であったが、退学したいと言えば、母から、「もう、どこの学校にもやらない」と言われるに決まっている。それだけに、辛抱する以外に道はないと我慢しているうちに、私はあることに気がついた。

それは、以前しかられたときに、母の言葉にあった「世の中のことは教えられて覚えるのはあたりまえ。ほんとうに偉い人は、教えられなくても自分ひとりで覚えるのだ」の一言であった。私を憎らしく思うためか、私には教えまい教えまいとし（私にはそう思えたのである）、意地悪といや味を言い暮らす大野先生に対抗して、わからないところがあっても意地を張って教わりに行くまいと決心したとき、新しい勇気が出てきた。すると、いろいろなことに興味が出てきて、ものをおろそかに見たり聞いたりしなくなってきた。

変な話だが、今は、この大野先生を恩人のひとりだと思っている。そのときの経験が、仕事を持ってからどんなに役に立ったかしれないからである。

世間は冷たいのがあたりまえであり、意地悪なのが当然なのである。なぜなら、世の中はすべて競争によって進歩発展していくものだからである。学校の先生があまり親切に教えてくれると、甘い気持ちが育ち、それがかえって自分のためにならない場合だってあり得る。

創造するということ

私はそのころ歩いて通学させられ、市電（路面電車）には乗せてもらえなかった。私の家から北神保町まで歩くと、一時間以上はかかる。その道々、本郷通りの本屋街を抜けて本郷三丁目まで来ると、ようかんで有名な藤村《ふじむら》や岡埜栄泉《おかのえいせん》があり、呉服屋も大きい店があった。糸屋で有名な越惣《えちそう》という商店があって、小僧さんや番頭さんが畳敷きの店におおぜい並んですわっていた。当時はもちろん商店には畳敷きのところが多かったが、客も腰かけて買うこの糸屋さんは、遠くから買いにくるほど品物が安くて良質なので、私も学校の友だちからよく買い物を頼まれたものであった。

そうした懐かしい、老舗《しにせ》といわれる店もあったが、毎日見て通ると、繁盛する店とつぶれていく店があって、その相違点から判断した自分の予感が当たるというおもしろみもあり、学校の帰り道はけっこう楽しいものであった。

本郷三丁目の角に芙蓉堂《ふようどう》という薬局があり、そこのウィンドウをのぞくのも楽しみのひとつであった。それは、その店のウィンドウの飾り方がそれこそ創作であったからだ。たとえば、ごたごたといろいろな薬の見本を並べないで、たったひとつかふたつにして、その説明を人の目をひく興味深い言葉で綴っているのである。今もこの店は繁盛しているが、場所がいいだけでなく、それは経営者が偉いのだと、私はおおいに学んだのであった。

世の中では努力とか、働くとかいうことはもちろん大切だが、ひとつのことをくり返しているだけではいけないのであって、創造するということがどれほどに重要なことなのかを、私はそういう観察を通して知るようになっていった。時代は動いているものだということも、おぼろげながらわかるようになった。

岸辺校長

東洋家政女学校の校長は岸辺福雄《きしべふくお》という先生で、当時久留島武彦《くるしまたけひこ》氏や巌谷小波《いわやさざなみ》氏らとともに児童文学の大家として、宮中にも召されることのある有名人であった。その先生が、幼稚園と一緒に、下町の娘に合うような短期実力養成の女学校を開いたのであって、この学校もかなり栄えていた。

私は前述のようないきさつがあって入学したのだが、あとから考えると、東洋家政女学校で学んだ最大の収穫は「この程度の女学校の経営なら、私にだってできる」という自信を持ったことであった。自分なら、時代の動きを考えて、もっと生徒のためになる内容にするのにとさえ思った。それは、後年、自分自身が女学校の経営を思い立つ動機となった重大な経験だったのである。

もしも最初の父の希望通り東京女子高等師範学校あたりへ入学していたら、とても自分ごときが女学校を開く自信を持つはずもなく、せいぜい一生懸命に勉強をして外国にでも留学し、学問ひとすじに生きて、そして、おそらく独身を通していたに違いない。どちらがよかったかは軽々と比較はできないが、人の運命はおもしろく、また、目に見えない大きな力で定められた道へ引きずられていくような気さえする。

とにかく私は大野先生と徹底的に張り合って何ひとつ聞きにいかず、そのために和裁の実技の時間はじつに困ったが、それでもなんとか一番をとろうと決心した。普通科は修業年限二ヵ年なので、翌年三月には卒業をして飛び出そうと思っていたのである。

勝ち気の過ぎた愚かさ

学校での生活がおもしろくなく、張り合いがなかったのは、尊敬できる先生がいなかったことのほかに、知識欲に燃えているのに新しい学問らしい学問がなく、裁縫がきらいであったのにその授業時間がいちばん多いことに起因していた。

しかし、そのうちに、こうして感情的になってばかりいたら、尊い時間を損することになると私は気がつき始めていた。きらいな科目を努力してできるようにするのと、徹底的にきらい抜くのはどちらがよいか何度も自問自答した末に、後者は間違っているとの結論が出た。そうなると不思議にやる気が出てくるもので、教わらなくても、人がびっくりするくらい数多く縫い上げてみせようと決意した。

その年の夏休みには一日に一枚を仕上げ、一年で百枚近くのきものを縫った。それでいて、採点は大野先生に頼まず、校長のところへ現物を直接持っていくという、はたから見るとじつに小憎らしい私のやり方であった。

他の学科の得点は誰にもひけはとらなかったので、このクラスで一番だと人も言い、自分もそう信じていた。ところが、三学期の最後の日に、大野先生は、

「この組で一番の成績は島田さんだが、この組からは優等賞はひとりも出しません」

とおっしゃった。それを聞いて腹を立てた私がその理由を尋ねたところ、普通科二年の他の二組の人と比較すると、この組には優等賞にふさわしい成績の者がいないから、と答えられた。その時の私には、先生の真意などはかれるはずもなく、ただ、これは大野先生の私に対する仕返しであるとしか考えられなかった。

たとえ学業成績は良くても、それだけでは優等といえないと大野先生ご自身が判断されたのだと思うが、後に私は、この先生のご処置が正しかったとしみじみ考えている。およそ社会に対処していくには、いわゆる「負けるが勝ち」のおだやかで円満な方法こそ最上なのであって、争って強引に勝つ方法はほんとうはよくないのである。この学校における一年間の生活の最後に、先生は私にはっきりとそれを教えてくださったのであった。

この東洋家政女学校には、修業年限二ヵ年間の普通科の上に高等科が設置されているのだが、三クラスの二年生の普通科の生徒のうち、高等科に進む者は全体の三分の一程度にすぎなかった。

私は、普通科二年卒業と同時、つまり編入学後の一年間で東洋家政を去るつもりでいたが、大

野先生の言葉にむしろ触発されて、高等科に進んでもう一年間この学校に残り、ほんとうの意味での競争をしなおす決心をした。

誰からも好かれるように

しかし、そうこうしているうちに、私は心楽しくもないのに常に誰かと張り合って暮らそうとする自分の生き方を、つくづくと考え直してみるようになり、落ちついて反省してみる気持ちに変わってきた。

その結果、今まで気がつかないでいた自分の性格の短所がわかってきて、このまま世の中へ出たら、けっして成功しないであろうと悟ることができるようになってきた。これは、何といってもあの大野先生の言葉がきっかけを作ったのであるから、じつに生きた学問を経験させてもらったものであると感謝している。

このように、勝ち気の過ぎた人間の愚かさを知ってから、私は努めて人にはおだやかに接し、その後読んだ宗教書の影響もあって、助け合って暮らす尊さを知った。そのため、あとの一年間の高等科では、自分でもびっくりするほど模範的な生徒になったのである。

とは言え、高等科に進む前、内心では担任は大野先生でなく他の先生であってほしいとひそかに願っていたのに、四月を迎えて担任が発表になり、またまた大野先生に受け持たれると知ったときの驚きといったらなかった。

しかし、それでよかったのである。そのころからの私は、誰からも好かれる人になろうと考え、自分の性格の弱点を少しずつ直すように努めていった。やがて大野先生からもほめられるようになってゆき、高等科卒業のときは、今度こそほんとうの優等賞をいただき、新聞にまで住所と姓名と写真が出て、名誉を回復することができた。

後に学校を開いたとき、その新聞を読んで覚えていてくれた人が、あの島田さんなら信用できると、自分の娘を私の学校に入学させ、さらに遠い千葉の親類の娘まで入学させた。それは近所の大久保さんという方である。

2　人間形成の時代

共立女子職業学校

小学校を出てから、早くも三年の月日が流れた。府立第一高女に入学した友人の竹内さんは、あと二年で卒業をする。五年制の高等女学校入学を果たすことのできなかった私は、どうせならその五年間で高等女学校卒業と同じ資格、または、それ以上の力を得るべくがんばってみようと心を決めていた。ところが、それもあと二年に迫っている。二ヵ年の修業年限で中等学校（六年間の初等教育の上の高等女学校を指す）卒業資格が取得できる学校を探したところ、神田一ツ橋にある共立女子職業学校乙部受験科というのが見つかったのである。甲部は三年制なので、乙部を選んで入学試験を受けることになった。

入学試験には前に懲《こ》りていたので、その心配は容易ではなかった。合格発表を早く見にいきすぎて時間つぶしに困り、九段上の千鳥《ちどり》ヶ《が》淵《ふち》公園《こうえん》に行って桜の散るのをながめていた。今でもときどき九段を通ると、そのときのことを思い出す。

私は入学試験がきらいである。それは、前述したように入試に失敗した苦い経験が心にこびりついているからである。そのため、不合格になった受験生の気持ちがいやというほどよくわかる。後年、自分で学校を開いてから、希望者の全員に入学の許可が出せない状態にまで応募者が激増した年、不合格になった受験生のひとりひとりに次のような手紙を書いたことがある。

「こちらは定員の都合上、あなたに入学を許可することはできませんが、けっして悲観してはい

母校の共立女子職業学校校舎（現在の共立女子学園の前身）

けません。ここに書いた他の学校ではまだ受付けてくれるはずですから、そこを受験してごらんなさい。入学できたところが縁のあった学校ですから、そこで一生懸命勉強してください」

心を曲げてはいけない、すねてしまってはいけないと受験生の心を察し、祈るような気持ちで、こんな仕事を電気スタンドの下で夜遅くまでひとりでやっていた若いころを思い出す。

さて、共立の乙部受験科は、だいたいにおいて小学校の先生を経験した人たちが、文部省の中等教員検定試験を受ける目的で全国から集まってくるところである。したがって秀才が多く、年齢も最年長三十三歳の人がいて、平均年齢が二十三歳くらいだということを入学してから知って驚いてしまった。私はこのとき満十五歳だったので、すぐに「小さい島田さん」というあだ名がついた。

共立女子学園ではこのころから「誠実・勤勉」が校訓としてかかげられ、当時女流教育者として著名であった鳩山春子《はとやまはるこ》先生（後の鳩山一郎首相の母君）のお話や、一流の先生の教育学・心理学・国民道徳などについての講義が聞ける喜びがあった。そのため、まじめで勤勉な生徒が多かった。

加藤しん先生

担任の加藤しん先生は共立出身者で、卒業のときに昭憲皇太后《しょうけんこうたいごう》からごほうびをいただいたというまじめ一方の実力者であり、卒業後は母校で教鞭《きょうべん》をとって二十年近いベテランの先生であった。むだ口ひとつきかぬ人であったが、それでいて威厳があった。それより少々若い山田先生とふたりの助手がついていて、土台から厳しく教えこまれた。生来きらいだった裁縫も、東洋家政で意地を張って一生懸命やったせいだろうか、あまりこたえなかった。それでいて、自分が期待したほどの良い成績がいただけないのである。だんだんにわかってきたのであるが、それほどにクラスの人たちは、生徒とはいっても、ベテランの先生ほどの腕のある人たちが多かったのである。さすがに競争好きの私も、ここでは競争してもとうていかなわないと思って、あまり全力

共立女子職業学校乙部受験科卒業の時の記念写真、中央が私（大正8年3月）

を出しきれないでいるうちに月日は経っていった。

私の父は早く亡くなっていたので、男物の材料には困ったが、加藤しん先生がご主人のものを縫わせてくださったのでほんとうに助かった。卒業学年を迎え、ようやく私の腕も認められて良い成績を取ることができるようになった。共立での二年間は、先生方やクラスメートからかわいがられて幸せであったが、今から考えると、油断やあきらめから自分の能力の限界にまでいどむに至らなかったことが心残りである。

しかし、卒業すると同時に、私は奮然と自分の初志に戻り、共立で取得した資格を生かして、文部省の中等教員検定試験を受験してみようと決心を固めた。この試験は、二十歳前では合格した人がいないと聞いて、私はいよいよ自分のほんとうの力だめしをしてみようと思い立ったのである。

思い立つと同時に、私は猛烈な勉強を始めた。人間は、一生に一度ぐらい全力を出しきって勉強をする経験があってもよい。記憶力旺盛《おうせい》なときに覚え込んだ知識は、七十歳を超した年代になってもけっして忘れるものではない。猛烈にやってみてはじめて、自分のほんとうの力というものを知るのである。あとから思い出してみると、それはまさに真剣そのものの、血のにじむような苦労の連続ではあったが、一面楽しい体験でもあったと思っている。

受験勉強の日々

当時の中等教員免許状には、「師範学校・中学校・高等女学校の教員たることを免許す」と書いてあったので、文部省師範学校中学校高等女学校教員検定試験（略して「文検」ともいった）に合格して中等教員の免許さえ取ってしまえば、府立第一高女の入学試験に落第するほどのばかではなかったという立証にもなると思った。そこで、なんとしてでもこの意志を貫いて、今後は人に試験をしてもらわず、自分で自分を常に試験して生きていくのだという強い信念を持って準備に取りかかった。

まず試験までに残されている時間を計算して詳細な計画表を作り、何が出題されても書けるぞといえるような勉強を始めたのである。そして、手始めに本郷高等小学校の裏手にあった本郷図書館へ行って、受験に必要な参考書を全部借り出してきた。私の高等小学校時代を知っているその館長は私を信用してくれ、じつに親切に応援してくれた。そして、「合格するまで、これらの本は返さないでいいよ」とまで言ってくれた。

私は新聞や本を読むことが三度の食事より好きなくらいであったが、それも合格するまではと、受験までいっさいやめてしまった。一日二十四時間を細かく区切って、頭にたたき入れては、自分で自分を試験してみるくり返しであった。心理学・教育学・教授法、そして哲学を含む道徳問題、これらは乙部受験科在学中に多少手ほどきは受けて目はあけてもらったものの、文検受験に万全を期するとなると、ひと通りの苦労ではなかった。

なにしろこの試験の受験生には男子が多く、それも現職の小学校教員が多かった。現に受験場で、私が高等小学校時代に教えを受けた理科の北原先生（後に、文京区立昭和小学校の初代校長になられた）と顔を合わせたのだが、そういう人たちと競い合うのだからと勇気は出たものの、同時に不安もつのってきた。女子の受験生では、相当の年配者が目立った。

答案を毛筆で書こうと思って細字の練習などもしながら、まったく時間とのたたかいといっていい毎日であった。

文部省中等教員検定試験に合格

第一次世界大戦が終わり、私が文検を受験した大正九（一九二〇）年には自由思想がとうとう広まって、男女同権論も盛んであった。私も、雑誌『中央公論』や『改造』を読みふけって新しい時代の潮流を敏感に受けとめていたので、予備試験の「自由と平等を論ぜよ」という設問には、われながら感心するほどよく書けた。

同じ年の九月に、東京帝国大学ではじめて八人の女性を聴講生として許可したのも、そのよう

文部省中等教員検定試験に合格

な時流の影響であろう。これは新聞にも報道され、八人そろった写真まで掲載された。それを見て私も、中等教員の検定に合格したら、その資格でなんとかどこかへ入りたいと、虎視《こし》眈々《たんたん》と入学先をねらっていたのだ。しかし、結局、私の運命はそれを許さなかったのである。

各地方の予備試験の合格者は「官報」に発表され、私はなんとか全国五百五十名の受験者の中の五十五名の合格者に入ったが、これに喜んではいられなかった。次の本試験は東京で行われ、予備試験合格者のうち三割以上は落ちると聞いていたからである。そこで、また猛勉強が始まり、血走ったような目つきで本試験に臨んだ。試験が済んで、「官報」の発表を待つ間のまどろっこしさといったらなかった。

ようやく発表の日がきた。そのころミルクホールと呼んでいた近所の牛乳店が「官報」をとっていたので、店の主人に頼んで、わが名をさがすのももどかしく発表欄を見た。

私の名は、三十三名の合格者の中に入っていた。そのときのうれしさは、まさに天にも昇る心地であった。飛んで帰って母に喜びを知らせ、すぐに仏壇にお灯明をあげて亡父に報告をした。久しぶりにゆったりと満ちたりた気持ちになり、さあこれからゆっくり新聞でも読もうかと思ってその日の夕刊を広げたのだが、その夕刊に掲載されていたひとつの記事によって私の運命は一変したのである。

考えてみると、もし中等教員の検定試験に合格していなかったら、その後もう一度受験勉強をする機会はめぐってこなかったのだから、あのときの合格はほんとうにありがたかったのである。勉強をしたいと思いながら、常にそれとは反対の方向に行かされてしまうのが、私の宿命であったように思われる。しかし、なぜもう一歩勇気を出して、若いときにやりたいだけ自分の好きな学問の道に飛び込んでいかなかったのか、それがやはり後のちまでの悔やみであり、本音といえばいいえる。

「盛年重ねて来たらず……」という言葉は、済んでしまった過去をふりかえっての感懐であろう。私には、妙に味わい深い言葉に思えてならないのである。

農工貯蓄銀行が休業

そのとき私が夕刊を見て驚いたのは、母がいくら貯金してあるかは聞いていないが、とにかく私の家で取引をしていることだけは察していた農工貯蓄銀行（当時、本郷三丁目に支店があった）が、翌日から三日間休業するという記事であった。

そういう経済界の動向に無知であった私たち親子は、なんとなく心配だから三日過ぎたら預金は全額引き出してしまおうと、誰もが考えるようなのんきな話をしていたのである。

受験勉強のためにそれまで読まないでいた新聞を取り出してきて、ひっくり返して読んでみたところ、第一次世界大戦後の不景気で、日本の経済界はすでに混乱期に入っていたのである。横浜でそのころ信用のあった茂木惣兵衛《もぎそうべえ》の経営する生糸商社・茂木合名がこの年の五月に休業し、関連する第七十四銀行も連鎖倒産するなど、その波紋は全国に及んでいた。それ以降、毎日のように銀行の休業報告が、今日は東北で、明日は関西でと続いていた。歴史にも有名な第一次世界大戦後の経済恐慌時代であり、銀行の取り付け騒ぎが連日続く、驚くべき世の中になってしまっていたのである。

悲観して預金者の老夫婦が自殺したというような記事が毎日のように続いた。三日間休業した銀行が次は一週間、それから十五日間、三ヵ月、半年と休業を延ばしていくのである。造船業界などの軍需産業に貸しすぎたあと回収できなくなった銀行の金庫は空になり、預金者のお金はどこもゼロであった。

島田家の一大事

銀行というものは、建物が立派であってその店の銀行員が親切であれば、誰でもよい銀行だと思い、つぶれることなど絶対にないと信じているのが普通ではあるまいか。私の母がいくら目が利いていても、経済学を専門的に勉強したわけではないのだから、ほんとうのところがわからないのは当然であった。ただ倹約し、むだ遣いせず、ご先祖様から受け継いだ財産を無くさないように働いていくことだけが立派だと思い込んでいるまじめな人にすぎず、私とて同じことで、国家政策の推移や国際情勢にはまったくといっていいほど無知であった。

拡大した世界大戦によって軍需産業に注文が集中すれば、政府は収支が黒字になると考え、喜んでそれらの企業への膨張貸し出し政策をとり、仮にも貸し出し制限などは考えなかったようである。銀行としても、注文品を製造する工場やそれらを扱う商社が忙しければ利ざや稼ぎとなるから、無制限に貸し出しをしていたのであろう。

急に戦争が終わって、注文が止まることを考えに入れない日本の政治家は、事態がこうなってしまって、どういう責任を国民にとるのであろうか。とはいえ、知識階級はいざ知らず、一般庶民の中にはそんなことさえ考える人もなく、泣き叫ぶ者、気がふれる者、川へ飛び込む者、首をくくる者等々、日本中の騒ぎを新聞はただ報ずるだけであった。

私はびっくりすると同時に、母が気の毒でならなかった。もはやこの母に何を願い、何を要求することができよう。この降ってわいた島田家の一大事を前に、母の力になれるのは私だけなのだから、立ち上がるほかにはなかったのである。

母に代わって奮起

大正九年十一月には、農工貯蓄銀行の株主側整理委員名で「農工貯蓄銀行閉鎖顚末《てんまつ》」という文書が配られてきた。それによると、同行が閉鎖のやむなきに至ったのは、ある大口の貸付金が固定し回収できないこと、同行が横浜倉庫株の買い占めに関係しているという風説のため預金の引き出しが続いて金融の梗塞《こうそく》をきたしたこと、閉鎖に至る一週間前から預金者に対し電話や書状で同行の危険なことを告げる者がいて、預金の引き出しがあいついだことをあげて説明した。そして、たとえ同行が解散あるいは破産しても積立金勘定があるから預金者に損失はかけないが、それより有力な富豪または大銀行に承継してもらうほうが得策だと考え、目下その実現に努力しているので、あと二ヵ月ほど冷静に待っていてほしいと書かれていた。

農工貯蓄銀行は、休業したまま扉を開けなかった。休業から半年も経ったころ、銀行の整理委員と称するおおぜいの男の人たちが家にやってきて、こう通知するのだった。

「百円までの預金者は、零細預金者として、銀行が再開したらすぐに全額返金する。それ以上の者は、銀行の財産を全部整理しても返せないから、預金額の三分の一ぐらいを三年年賦で返す。あとは銀行の株券で返し、総額の三分の一は切り捨てることを承知してもらいたい」

私は母からこの件の委任を受けていたので、強引に押印を迫って家に押しかけてくるこのやくざのような男たちとかけ合うことになった。商店や飲食店などでは、お客がびっくりして逃げだすので商売にならないといって、このおどしに泣く泣く押印する者が多いと聞いた。

その当時十九歳になっていた私は、このやり方に憤然としたのである。善良なる市民を政府はなぜ守らないのか、政府が無責任すぎるではないかと。そして、預金者の無知は、いったい何に原因しているのであろうか。ただ倹約をして、お金を貯めて、老後の安定を計る。それは、果たして安全な策であろうかとも考えたのである。こう考えたことが私に大きな目を開かせる重大要因になったのであるから、人の運命はわからないともいえるし、私という人間はそういう巡り合わせの中に生きているのだとも思える。

私は、この機会に世の中のほんとうの姿を究明してみようと思い、わからないことだらけのことを知るために本を読み、人にも聞いた。それによって、この国の政治家に頼る愚かさを第一に知るとともに、これから何年生きるかわからない自分が、どういう心を持ってどう暮らすのがほんとうかを考えるようになっていた。

ついに勝つ

この銀行問題の整理には、約一年間かかったが、母は私を信じて任せてくれていた。整理委員が押しかけてくる気配を知ると、私はいち早く母を裏口から逃がした。

私は小さいときは、いたって臆病《おくびょう》で、暗いところはこわくてひとりでは歩けなかった。また、人前ではすぐに赤くなり、口もすらすらとは利けない短所を持っていた。そのため、前述の中等教員検定試験の本試験では、試験官の前で、生徒がいるものと仮定して授業をし、板書をしながら説明するのだと聞いたとき、私は絶対にふるえない度胸をつけなければいけないと決心した。そして、臆病癖をなおすため、暗夜に氏神様である根津神社へひとりで三七・二十一日通ったのである。

最初は暗やみでのガサガサという音がこわくてびくびくしたが、それを落ちついてにらみつけるほどになるまでの苦労はたいへんなものであった。おかげで本試験もどうやらやってのけられ、合格することができたのだが、その次が今度の銀行問題であった。

「あの小娘に言いまくられてどうするのだ」と言って、男たちがわざと仲間げんかをするなれ合い状態を平気で見ていることができたし、たとえかつぎあげられても、下ろすか落とすかされるときに考えればいいと思った。あわて騒がぬ度胸は皆、根津神社修行のおかげである。

かつて勝海舟《かつかいしゅう》が王子権現《おうじごんげん》で友人たちと度胸だめしをしたとき、ひとりだけ暗やみを往復することができたと書いてあった本を読んで、そのまねをしたことがこんなに役に立つとは思わなかった。何でもいやがってはいけないという昔の人の教えの尊さを知ったのである。

零細預金者を泣かせ、おどしで解決しようとする銀行のずるいやり方に腹を立てただけでなく、監督責任を何も感じていない政府、とくに大蔵省の態度が気に入らないので、あくまでやりぬくつもりでがんばった。そして、弁護士に相談して、銀行相手に破産申請の用意をし、追分町の島田の承諾がなければ銀行は、整理のためにも再開できないところまで追い詰めた結果、銀行側はついに謝って、預金全額とまではいかなかったが相当額を私に支払ったのである。

尊い経験

私はこの銀行問題でいささか経済の知識を得ることができたが、それはその後の私の行動にとってたいへんプラスになったことは否めない。後に私立学校を経営するようになって、政府を頼らずに生きぬく方法を、小なりといえ考えたが、そのつど適切な手を打つことができた。

　いちばん困難をきわめた戦後においても、世の中の進む方向が見通せないまま昭和二十七（一九五二）年までは積極策を取らなかったのであるが、島田個人の財産税だけはなんとか納め、いざというときに学校が復興できるだけの準備はしておいた。それも二十歳前にあの経済恐慌を経験していたからであると、経験というもののありがたさをいつも感じている。

　さて、私は銀行から返してもらった大金を母に差し出したが、そのとき、母は思いがけなく、

「このお金は、ほんとうは銀行がつぶれて取り返せなかったお金だけれど、おまえの働きで取り戻せたのだから、おまえが自由に使いなさい。私には、ほかに多少の蓄えもあるからだいじょうぶだよ」

　と言ってくれたのである。私は、少しのお金でもにぎりしめていなければいられない女親の気持ちとしては、ずいぶん思いきったことを言ってくれたものだと思って、はじめは信じられなかった。しかし、これは、私がふだん「金は貯めるばかりが能ではない。金は生かして使うべきものだ」といっている言葉を試してみようとしているに違いないと考えた末に快く受け、私の思い通りに使わせてもらうことにした。

　この金をどのように有効に使うかはあとでじっくり考えるとして、とりあえずそのうちの何割かをさいて、さっそく出入りの大工を呼んで、自分で設計した家を二軒、母の名義で建てさせ、一軒を六十円、一軒を四十円で人に貸し、その家賃が母の小遣いになるようはからった。百円の月給をとる人は、たとえば公立学校の校長でもごく一部という時代であった。

金とはなにか

私は、この経験で、世の中の人が大切にしている金というものはいったい何であろうかと考えるようになっていた。財産などというものはけっしてあてになるものではなく、それを貯めさえすれば安心だと思って一生をすりへらすのは愚の骨頂だと思った。

だいいち、金は貯め込むためにあるのではなく、流通するためにあるのだから、それは有効適切に使うべきものである。人間が金に使われるのではなく、人間が金を適切に使うのである。しかし、適切に使うためには、変転きわまりない世の中の動きを見る目を持たねばならない。そして、そのためには多くの書物も読まなければならないし、広く旅行して、自分の目で見て歩かねばならない。そういったことには金がかかるけれど、未亡人の母が大切にしている金をあてにしていてはいけない。自分が働いて、必要な金を得るようにしなければいけない。こんなことを考え、いちばんてっとり早いのはどこかへ勤めに出ることだと思って母にも相談したが、

「おまえは、私のそばにいてもらいたい。勤めに出てお金をいただくと、私の自由にはならなくなるから」

と言って、これには絶対反対であった。私は自分の身をどう処したらよいか、考えあぐねてしまった。

そんなことで何となく忙しく暮らしていたのだが、母は、私が世間一般の女性とは違った道を

歩こうとしていることに取り越し苦労をし始め、おそれを感じだしたらしい。何かをしでかさないうちに、私を家庭におさめる算段をしていたようで、知人に私の縁組を頼んで歩いていたのである。

あるとき、私は母に、

「もしも、ほんとうに人間として間違ったことをひとつもしないで、神様のように生きて行こうとするなら、山の中にたったひとりで入って、ひとりで生きて行くよりしかたがない」

となにげなく言ったのだが、このとき母の驚きは頂点に達したようだ。何がなんでも結婚させて子どもでも持たせてしまわねば、いよいよ家を飛び出してしまうだろうと思ったのも無理からぬことであった。

結婚

私はだいたい晩生《おくて》の人間であったのか、または、父母の結婚生活を批判的に見て、女は損な役割だと考えたのか、小説などを読んでも不幸な女が多いので、結婚生活に対して悲劇的な見方しかしていなかった。また、当時、ひとり娘は養子縁組をすることに決まっていたのだが、婿養子をとることは何かと問題も多かった。男性側からも、「こぬか三合持ったら養子に行くな」という言葉もあるように、幸福な例は比較的少なかった。それを知っていたため、なかなか首を縦に振らない私を説得するための母の涙ぐましい努力が始まった。母は、

「親孝行だと思って、婿養子を持っておくれ。いやだったら、一度結婚さえしてくれれば親の役目は済むのだから、あとはおまえの好きなようにしてもいいのだよ」

と言って、熱心に毎日責めたててきた。

個人の自由を尊重する時代に育てられた現代の娘には、理解しにくいことであろうが、当時は、恋愛などしたら、親族会議の結果家を追い出されるほどの仕打ちを受けたのである。こんなことを言うと、今では一笑に付する人もあろうが、歌舞伎や新派の筋書きに現実味があったのであり、今とはまったく違う世の中であった。

さて、結局、私は、私ひとりをあてに育て、娘の世話になることだけを楽しみに苦労をしてきた母親に親不孝をすることはできない気持ちにならざるを得なかった。次第に折れていって、とにかく親の言うことに従おうということになった。

私は親のすすめる通り夫を迎え、そして、子どもが生まれた。娘から妻、母へという女の人生の新しい経験は、すべてあっという間であった。私は家事に励み、夫に仕え、子どもを育てながら、このまま年をとって死んでいくとはあまりにもつまらない人生だと考える日が多かった。

関東大震災

大正十二（一九二三）年九月一日、関東大震災は突如として襲ってきた。当時、私は二十一歳で一児の母であった。予告なしにやってきた大きな上下動で、家の中を歩くことさえできず、壁

関東大震災で焼け野原となった東京・浅草（提供　朝日新聞社）

がばらばらとくずれ、屋根がわらがつぎつぎに落ちて砕ける音が聞こえた。

見る間に家が曲がっていき、とても家の中にはいられないありさまなので、私は赤ん坊を抱いて母の部屋へよろよろしながらやっとのことで歩いていった。母は、ひとりで布団戸棚の中へ身を入れようとしているところであった。母を連れて外へ出た私は、南隣の家の広い庭へ避難したが、その日の夜は近所の人たちと一緒におおぜいでそこへ野宿したのである。

余震はいくたびとなく続いて、家の中へはとてもこわくて入れない。地震の起きたのが午前十一時五十八分という昼時であったため、台所の火を消しそこなった家々から火が出たらしく、燃え広がる下町の大火災は夜になってもしずまらず、周囲の夜空にまっ赤に映えて、まるで大パノラマを見るようであった。このとき、火災は、下谷《したや》、浅草、本所、深川と燃え広がり、本所の被服廠《ひふくしょう》跡

（現在、墨田区の東京都慰霊堂がある場所）をはじめ、各所で何万人もの人が焼け死ぬ大悲惨事が起きたのであった。

その翌日、追分町の私の家あたりにも火が迫ってくる危険を感じたので、私たちは荷物を持てるだけ持って逃げることにした。折から、目白の知人が自転車で迎えにきてくれたので、その人と一緒に家を出たときは、さしもの本郷の大通りも下町から逃げてくる人でいっぱいで歩けず、浅草の仲見世通りの混雑を思わせるような込み合い方であった。これで家が全焼したら、持って逃げたわずかな品物が全財産になるのかと思うと、人間はいくら欲張っても財産など絶対にあてになるものではないと、このとき私はつくづく思った。

幸い火災は本郷三丁目までで止まり、わが家は焼け残ったが、激しい地震のために建物は曲ってしまっていた。私の一家が家に戻ってから聞いた話といえば、家を失った者がたくさんいて上野の山で野宿している話や、親が子を探し、子が親を求めて、立て札を手に持ってぞろぞろ歩いている話。あるいはまた、家財を持ち出すと火災保険が全額もらえないと考えた人が、一度持ち出した家財道具をまた家へ入れて釘《くぎ》づけにして逃げ、家が焼けてから保険会社へ証書をもって保険金を受け取りに行ったところ、

「その証書の裏を読んでください。天災地変のときは保険金を支払わないと書いてあります」

と断られたためけんかになったとか、その場で気がふれた人がいたとか、耳をおおうほどの悲惨な話ばかりであった。

財産をあてにする愚かさ

私の家へも被災した知人が逃げてきたが、火災にあわなかった家では焼け出された親類縁者がたよってきて、どこの家でも大騒ぎであった。母は逃げて帰る故郷がなく、しかも、自分は一生他人の世話にはなりたくないと考えていたので、家が焼け残ってただよかったとばかり思っていたらしく、これもふつうの女性であれば当然のことであった。しかし、私は、このとき深く考えさせられてしまった。それは、いつどのようなたいへんなことが起きるかわからないのに、私たちはなんの備えもなく平気で暮らしていてよいものであろうか、ということであった。

こういう震災が二度と来ないと、誰が断言できるだろうか。災害は忘れたころにやって来る。東京中が焼けてしまって、一夜にして物乞いがたくさん現れ、食べるものさえない地獄のようなありさまであった。

上野の山からながめると、隅田川の向こうもこちらも焼け野原で、ぽつんぽつんとところどころに質屋の焼け残った土蔵だけが立っている状態であった。母を連れていって、その光景を見せたとき、母は、

「何もかも、おまえがふだん言っている通りの世の中になったね。これからは家をおまえにまかせるから、どうにでも自由にしていいよ」

と言った。

私が常に母に話していたことは、銀行問題でも苦い経験をしてわかっているように、財産をあてにして生活している者は愚かであるし、いくらお金を貯めても、それでは一生安心できるものではないのだから、「人間は何をするのがほんとうか」を考えなければならないということであった。事実、震災後のインフレは、貯金の金額の価値を極端に引き下げてしまっていた。母はいつでも私の言葉をだまって聞いていたが、それを覚えてくれていたようで、この子にまかせても、もう間違いは絶対にないと信じてくれたらしい。

親から信用されないで、どうして他人ばかりの世間の人たちに信用されるだろうかと私は思っていたが、やっと親の口からこの言葉を聞いたのである。

夫の独立の好機

こうして、私は、ついに机の上で読書が自由にできる時間を失うことになった。家庭を持ち、赤子を育てる雑用の多さと、家庭を円満にする心遣いは、独身でいたときには想像もできないほどたいへんであった。それにくらべると、母を助けてふたりで暮らしていたころはじつにのん気であった。だからこそ、あの検定試験の猛勉強ができたのであって、再びあのような時間はとれないと思うと残念でたまらなかった。

私は、母からすべてをまかせると言われ、信用してもらえることはありがたかったが、同時にとまどいを感じていたのである。母が仕事の資本金になるようなお金を持っているには違いないが、老人はその金が楽しみであり、それで安心して毎日が送れるのである。だから、その金をあてにすることは、たとえ一時的にせよ寂しい思いをさせるのでやめようと思った。

母の言うことは、今住んでいる大きい家屋を自由にしてもいいということらしく、母の小遣い銭は、幸い焼け残った家作の家賃でじゅうぶんなので、この上欲をかくまいと思ったに違いない。しかし、私は、何を一生の仕事と決めるか、突然のことなので、まだ具体的には考えをまとめていなかった。

当然のなりゆきとして、兄の経営する会社に勤めていたサラリーマンの夫が、その勤務をやめて独立する絶好の機会ではないか、ということで一家の意見が一致した。そこで、独立して新しい会社をつくるプランが進められ、私も夫の片腕として一生懸命手伝いたいと申し出た。

私は、どういうわけか、自分たちが生きるためだけの目的で、仕事にあくせくするのはいやだという考えを持っていた。その点では、夫の仕事が医療機械の関係であるため、医師の医療を通して世の中に貢献できる喜びがあったし、そのうちに新しい機械の開発にでもたずさわることができればそれにこしたことはないと、将来への見通しを明るく持っていた。

一転、私の肩に

しかし、問題はそう簡単ではなかった。いったん独立を宣言したとはいえ、夫にはまだ自分の店がなく、それに、実の兄の商売を手伝っていたために、かえってやっかいな問題があった。

才気煥発《さいきかんぱつ》、商売上手な夫の兄は、東京で焼け残ったのを幸い、このときとばかりに積極策をとろうとしていた。そのため、商売になれていた私の夫に辞められることが打撃であって、そうなれば使用人ばかりの店になるおそれがあった。兄から、今しばらく手伝ってくれないかと哀訴嘆願されたため、兄弟の情として夫の決心はぐらつきだしたのである。

私は、そういう態度が絶対にきらいであった。ひとたび独立を決心したのであるし、独立にはチャンスをつかむことが重要である。なるべくなら働いて金を貯め、自力だけで独立するのがほんとうだが、今ならば母も資本金を出してくれると言っている。それにもかかわらず、この好機がわからないで、安易な道につこうというのなら、私は夫の仕事の手伝いはしないし、自分で自分の一生の仕事を持つことにすると言いきってしまったのである。母はいっさい口出しをせず、まかせるといったらまかせるのだという顔つきをしているだけであった。

私は、いよいよ一生をかける仕事を考えなければならないはめになり、夜となく昼となく人間の生き方を考え、女の進む道を考えた。

これ以外に道はない

ここで、私は、またもや自分が女に生まれた不幸を考えた。それでは、なぜ女は不幸なのであろうか。女が知識に乏しいのは、教育水準が低く、尋常小学校卒業だけの学歴しか持たない者が半数以上を占め、非識字者さえいる状態だからである。いざというときに独立できる経済的な力がなく、それに、職業とするだけの一人前の腕も素養もない人が女には多かった。

その当時、女で腕のある人といえば教師と女髪結い（現在の美容師）くらいであり、勤め先といえば電話局の交換手くらいであった。突然襲いかかったあのような天災で焼け出され、あまつさえ仕事のできる夫や親を失った者のみじめさは、まったくお話にならないほどであった。

ひるがえって私自身を考えてみるとき、中等教員の検定試験に合格しているから、教師として勤めようとすれば、地方でならすぐにでも勤め口はあるようだし、ちょうどそのころ母校東洋家政の岸辺校長からも、教員として採用したいという丁寧な手紙もいただいていた。もしも職業を持つならば、ぜひ世のため人のためになる仕事をしたいし、とくに同性である女性の味方になる仕事をしたいと考えていた。しかし、私の過去は女学生生活だけで、商売をするにしても何の経験も修業した腕も持っていなかった。

あれこれと過去の生活に思いをはせているとき、ふと東洋家政女学校時代を思い出した。それは、前述したように、あの程度の学校の経営なら私にもできるのではないかと考えたことであった。そして、女子教育の仕事として、もっと生徒のためを思うやり方を工夫して加えていけば、自分の念願や理想も実現できるのではないかという考えにたどりついた。もはや、これ以外に自分の進むべき道はないと決意したのである。

さっそく、震災で曲がってしまった家屋を修理し、大工を督励《とくれい》して裁縫塾ができるように改造してもらった。

このようにして独力で始めた女子教育の学校は、徹頭徹尾ひとりの仕事であった。その後、夫は病を得て長い間床に伏し、私が三十三歳のとき、私と子ども三人を残して世を去った。それから二年を経てから、今度は母を失った。小さいながら学校の運営もどうやら軌道に乗ったことを見届けてもらい、安心してもらったとはいえ、かけがいのない人との悲しい別れであった。しかし、いよいよ私は、ひとりで仕事に没頭できるようになったのである。

3　学園創立と揺籃の時代

島田裁縫伝習所を開く

私は新しい仕事を始めるについて、高等小学校時代にお世話になった先生のところへ相談に行ったのであるが、私をよく知っている先生は、

「島田さんが学校を開くなら、成功疑いなしだよ。卒業をする生徒に話をして、生徒募集の心配がないようにしてあげよう」

と親切に言ってくださって、ほかの先生と一緒に募集の応援をしてくれることになった。

府立第一高女の入試に失敗していやいや通った一年間だけの高等小学校なのに、先生方からこうした応援を得ることになったのはじつに奇縁というか、ありがたいことであった。また、もしも東洋家政女学校という私立の女学校に二年間通学しなかったら、私立学校を開くことなどとても恐ろしくてできなかったはずである。人の運命の不思議さがいまさらながら感じられた。

かくして、「島田裁縫伝習所」が誕生した。大正十三（一九二四）年四月一日、大海に小舟でひとり乗りだすような、冒険ともいえる第一歩が踏みだされたのである。

学校は、教師の教育者としての声価がものをいう。私がいくら学校時代に成績が上位であったにしろ、それはその場の限られた人数においてである。広い世間に名乗りをあげるにはいささか躊躇《ちゅうちょ》されたが、しかし、立ち上がるならこの機会しかない。このうぬぼれ者が果たして信用される人間になれるかどうか、とにかく三年ぐらいの期限で自分自身を試してみようという気持ち

であった。

はじめの十五人

高等小学校の先生のお世話などで、最初、私の手もとに集まってくれたのは十五人の生徒であった。私は、この十五人を精いっぱい教えてみれば、塾の教育内容について世間からの信用は得られるが、学校としての設備をはじめから調えることを急いで、それに金をかけることはとてもできないと思った。なぜなら、自分ではうぬぼれて将来女学校を建てられると思っていても、世間はそんなに甘いものではなく、目的達成は果たせないかもしれない。

「島田裁縫伝習所」を開く（満22歳）

だいいち、私には誰も後援者がいないのだ。私の夫さえ、妻がそういう職業婦人になることを望んでいるとは思えなかったから、家庭を捨ててまで事業に打ち込むことは遠慮をしなくてはならない。したがって、人が五年かけるところは倍の十年かけてじゅうぶんに考えることと、二歩進んだら一歩退いて考え、成功を目的としないかわりに、失敗だけはしないようにしようと思った。

こうして塾を開いて、生徒が出入りするようになったが、やがて聞こえてきた近所の人の批評

は、

「島田さんの家では別に食うに困らないのに、なんであんなもの好きなことをするのだろう」

という陰口であった。世間は概してそんなもので、失敗すれば女だてらにと言ってあざ笑い、逆に、仕事が少しでも順調になってくれば、今度は女のくせになまいきだと言い、「出る杭《くい》は打たれる」のたとえ通り、意地悪をしてくるのが常である。でも、なんとかして塾の運営を軌道にのせたいものだと、私は努力を続けた。

懸命に個人指導

私の塾は、間もなく「本郷女学院」と改称したが、当初は、小さな部屋に小さな黒板をかけての授業であった。実技の時間でもまず理論から教え、それをすべてノートにとらせた。人間は千差万別だという言葉通り、教え始めてわかったことは、生徒の性格がそれぞれ違うこと、知能の発達程度に著しい差があることであった。そこで、その差を見きわめて一人ひとり個人的に指導する方法をとったが、向上の度合いが目に見えてくるとじつに楽しくもあり、また、張り合いも大いに感じられるようになってきた。

そのうちに親たちが私のもとにやってくることも多くなったが、親の言葉から子を思う真情がしみじみと感じとれ、これは重大な仕事であって、責任が重いということを痛感した。そこで、生徒に国民道徳要領を説いて聞かせるときにも、できるだけ固苦しく感じさせないように例を挙げながら座談的に話し、家庭の事情も聞きながら、良い娘になるよう願いを込めて指導していった。

生徒は二年目に倍数に、そして三年目にまたその倍数にと増加していった。設備らしいものもなく、中庭をつぶして大教室を造り、その上に二階をのせるのが関の山であったが、そのころ私は考えたのであった。

この塾における女子教育の仕事は、たしかに楽しく張り合いがある。しかし、果たしてそれでよいのであろうか。

だいいち、電車に乗って通ってくる生徒がいるのに学生割引が出せないのは、正式に学校認可を受けていないからである。ゆくゆくは学校認可を取らなければ存続もむずかしくなっていくと思うが、それを取るにはどうしたらよいか、学校勤めをしたことのない自分としては何もわからない。

ところが、生徒は私をまったく信用していて、跡見女学校もはじめは塾から出発したというから、この塾も今にきっと正式な学校になるに違いないと吹聴しては友だちを連れてくる。私はただただ困った。

人を頼らない

母校の鳩山春子先生は私にとって雲の上の存在のようでとうてい近寄りがたいので、東洋家政の岸辺校長のところにそのことを相談に行ったのである。

「学校認可を得るためには、どうしたらよいですか」

とお尋ねしたところ、岸辺校長の返事は、

「学校を開くということは、そう簡単なことではない。だいいち、子爵《ししゃく》とか伯爵《はくしゃく》とかの肩書の偉い人の後援がなくてはとてもむずかしい」

とのことであった。私には、そういう親類縁者も知り合いもいなかった。念のために、他の学校の規則書を取り寄せてみると、たしかにどこの学校も偉い人の写真や名前が連ねられている。明治以来、名だたる女子教育の学校といえば、きまって時の有名人、華族、皇族の後援者がいたのであるから、私のように独力で学校を開こうとする行為はやはり無謀といえるのであろう。

そのときに、即座に学校認可の申請方法を教えてくれなかった岸辺校長は、しかし、やはり私にとって恩人であった。なぜならば、私に勇気を与えてくれたからである。「よし、ひとりで何でもやってみせるぞ」と思う気持ちほど大切なものはなく、私は、このとき以来、依頼心を持たぬ人間に成長していったのである。私は、今後すべて人を頼りにせずに自分の考え通り実行していこうと決心はしたが、生徒に対して通学割引証が発行できない言いわけはじつに苦しかった。

片岡文太郎氏

そのころ、私は、夜になると神田の古本屋街をさまよい、聞いて歩いた。

「学校認可の申請方法が書いてある本はありませんか」

ある夜、表通りの本屋を一軒一軒と訪ねて、裏通りの本屋に来たときである。もうだいぶ遅くなっていて、番頭が店を閉めようと雨戸をかついできたので、同じことをくり返して尋ねたところ、その番頭は即座に、

「そんな本は、神田じゅうに聞いて歩いたってありませんよ」

と言うではないか。どうしたらよいかと、泣きべそをかきそうになりながら聞くと、

「まあ、区役所の代書屋のところへでも行って聞いてみることですね」

と教えてくれた。それを聞いて私は、礼を言い、喜んで家に飛んで帰った。

翌朝すぐに本郷区役所（現在の本富士警察署の向かい側にあった）へ出かけていき、「代書・利根川」という看板のある家に入った。十二歳の時に父に死なれてからというもの何かと区役所には用事があり、いつも利根川さんの世話になっていたので、代書屋と聞いて飛んでいったのである。

よき理解者として、晩年まで
支援してくださった片岡文太郎氏

利根川さんは快く迎えてくれ、

「それだったら、区役所の学務課長に片岡文太郎《かたおかぶんたろう》さんという人がいますよ。その人はとても親切な人だから、そこを訪ねて聞いてごらんなさい」

と教えてくれた。

助けの神に会う

片岡文太郎氏を知ったのは、こうしたいきさつからであった。学務課長の片岡氏は、面会を求めた私をすぐに応接間に通してくれた。

私は、開口いちばん次のように言った。

「私は、ひとりで女子教育の仕事をしています。誰も援助をしてくれるような偉い人はありませんし、今後もひとりでやっていくつもりです。ただ、生徒数が五十名を超えまして、電車で通う者も出てくるようになりますと、学生乗車割引証を欲しがりますし、また、出してやりたいと思います。しかし、学校認可がなくては、割引証は出せないとのことです。そこで、学校認可を得たいのですが、私は学校に一度も勤めたことがなく、教えてくれる人もいないので、申請方法がわかりません。代書の利根川さんに相談したところ、片岡さんは親切な方だから、訪ねていって聞いてみたらどうかと教えてくれたので参上しました」

片岡氏は、無口な人であった。だまって聞いていたが、

「明日、あなたの学校を見に行きましょう」

とだけ言ってくれた。私は思いがけない言葉にびっくりしたが、ありのままを見てもらうより仕方がないと覚悟を決めて、片岡氏の来校を待つことにした。

翌日、片岡氏を案内して教室を見せ、現状を説明したが、帰りがけに片岡氏は、

「あなたなら、ひとりで学校はできます」

と言った。私は、初対面のとき「ひとりっきり」を重ねて強く言ったので、それに応えてくれたのである。こんなうれしい言葉はなかった。私は、今でもそのときの喜びの気持ちを忘れることができない。片岡氏は言葉を続けて、

「明日、役所にいらっしゃい。認可申請の方法を教えてあげます」

と言ってくれた。この親切に、私は、「士はおのれを知る者のために死す」という言葉の意味を理解できたように思い、片岡氏に心からの感謝と深い敬意をいだいたのである。

翌日、片岡氏は係の方ふたりを呼んで、一緒にいろいろ教えてくれた。また、書類作成上わからないところやむずかしいところを手伝ってまでくれた。そして、さらに、書類提出のときは、東京府の学務課へ私を連れていってくださったのである。

役所のことなど何ひとつわからない私は、このように助けの神のおかげで、要所要所の担当官に紹介の労もいただいたけれど、そうした折、私の中等教員検定試験合格証が大きな信用として断然光り輝いたのには、私のほうがびっくりした。

府知事の認可を受ける

こうして、昭和二（一九二七）年、東京府知事より本郷家政女学校設立認可と校長認可をいただくことになったが、その日付は思いがけなく私の誕生日の二月十六日であった。私は、その

後、昭和六年に文部大臣認可の甲種実業学校「十佳《じゅっか》女子高等職業学校」の設立認可を受けることになるが、「本郷家政女学校」の木の香もかおる校札をかけたときのうれしさは、そのときとは比較にならないほどであった。

世間の私立学校に対する価値判断の尺度は、一般にその外観に向けられていて、校舎の偉容や校地の広さ、施設の良さにあるようだ。その点で私の建てた学校は自分の家を改造したにすぎず、校庭用地として土地を確保するよりも、毎年入学希望者が増加するにしたがって教室を建て増すのに追われ、どこから見ても校舎らしい立派さなど少しもなかった。その校舎は継ぎはぎのように続いて、東京広しといえども、こんな女学校はないと思われるほどの設備の悪さであった。

そのころの卒業生で、今でも遊びに訪ねてくれる人たちがいるが、

「あのころは設備がよくなくって、気の毒なことをしましたね」

と私が言うと、

「私たち生徒は、そんなこと考えてもみませんでしたよ」

と言ってくれた。今は自ら会社を経営しているひとりの卒業生などは、

「校長先生のお話が楽しくてためになったので、家に帰ると母にその日のことを報告していたのですが、そのうちに母が待ちかまえていて、今日はどんなお話だった、と聞くのです。今では、子どもたちやうちの社員にまで、昔先生からうかがったお話を思い出しては話して聞かせるのですが、社員から、社長はもと先生をしていたことがあるのかと聞かれてしまいました。今の生徒

本郷家政女学校開校間もないころ。
前列左から大谷はつ先生、小倉のぶ先生、私、平田禎子先生、清水八重先生

は、立派な設備のいい校舎に入っているけれど、私たちのように校長先生を独占できないから、私たちのほうが幸せでしたよ」

とも話してくれた。私も一生懸命教えたが、親たちも喜んでくれた。あの区役所の利根川代書人の娘さんも入学してきたが、娘さんは私に最初に会ってから、すぐに近所の友人も連れてきてくれた。このようにして、本郷家政女学校の入学者は年ごとに増えてゆき、誠実、勤勉な生徒が多かったので私も楽しかった。

区立本郷高等家政女学校

教職にある者だけが知る生徒のかわいさに、ああもしてやりたい、こうも教えてやりたいと考えて、自分の不得手なところは新たに勉強しながら教えた。私は、自分が卒業したふたつの私立学校の模倣《もほう》ではなしに、その良いところを参考にして、いつも時代の動きを考えながら改善と工夫をしつつ、教授内容に新鮮味を加えていった。私は、自分の胸の中に創作品をたくさんたくわえた。そして、時の流れにつれて、それを試作品のように次々と出していく楽しみを持った。

そのころ、駒込富士前町《こまごめふじまえちょう》にあった小学校の校舎を借りて、午後だけ授業をする公立の学校があった。その学校が独立校舎を建て、午前中からの一日授業に切り替えることになったとき、なんと私の設立した本郷家政女学校と授業内容をほとんど同じにして、名称も「本郷高等家政女学校」としたのである。昭和六年のことであった。

私の学校では、四月の入学式を迎えたが、入学許可をしたはずの生徒数が集まらないのでどうしたのかと驚いていたところ、入学した生徒のひとりから、

「六年生の担任の先生に、新設の本郷高等家政女学校は校舎も新しいし、公立なので授業料も安いから皆そちらに行くようにと勧められました。お友だちはこちらをやめてしまいましたが、私は、お母さんから、島田先生を信頼しているので追分の学校に行くように言われました」

という報告を受けたのである。あとから聞いた話では、区長から小学校の校長に通達があり、この新設の学校に卒業生を極力回すように依頼したのだそうである。私立学校といっても、とくに私は微力であり、公立学校があとからまねをして、そういうやり方で私立を脅かすなら考えなければいけないと心に決め、その年の七月に本郷区長に就任したばかりの恩人・片岡文太郎氏を訪ね、前任区長が出した通達に関して談判に及んだのであった。

片岡区長にかけあう

私は片岡文太郎氏に会い、

「校名は特許ではないけれども、同じ区内に本郷高等家政女学校と本郷家政女学校があるのはだいいちまぎらわしく、本校は下等のような印象を世間に与え、生徒の教育上もよくありません」

と言ったところ、

「校名は自由だから、それではあなたのほうも、『高等』をつけたらどうですか」

と片岡氏は言われた。

「子どものけんかではあるまいし、そんなばかなことはできません。まぎらわしい名から起こる間違いや迷惑があった場合は、どうしていただけますか」

と私も必死に食いさがり、

「入学志願者の願書まで区長命令によって区立の新設校へ回ったと聞きましたが、それが原因で私立が成り立たなくなったら、どういう責任を取っていただけますか」

と詰め寄ったのである。

さすがの片岡区長も困却して、

「あなたの希望を述べてくれれば、その通りにしましょう」

と答えた。私は即座に、

「私たちが何を考えても、それをあとからあとから区がまねをして公立の学校を建てたなら、私立が微力であるかぎり太刀打ちできなくなるのは当然です。私立も跡見のように歴史があって、経営者も社会的な地位が高くて力があれば別ですが、私ごときは今回のようなまねをされたら立ちゆかなくなります。私は、現在は女子の家政教育が大切だと思っていますが、今後は就職を希望する女性が増え、それを受け入れる職場も増加すると見ていますので、女子に商業教育をしてみたいと思うし、すでに今年から就職に必要な商業科目を設けていれます。私に本郷区の女子商業教育をまかせるとおっしゃるなら、必ず立派にやり通してごらんにいれます。しかし、その場合、また区立の女子商業学校を建てられたら、ほんとうに困るのです」

と話した。区長は、

「約束しましょう。おまかせするから、しっかりやってください」

と確約してくれ、励ましてくれたのであった。

私は、時代の趨勢《すうせい》から女子に対する商業教育の必要性を感じていたころでもあったので、区長のこの言葉に励まされて、じゅうぶんな構想を練ったうえで、昭和九年度から本郷家政に商科を設け、翌十年度には校名も「本郷商業家政女学校」と改めたのである。また、後述するように、昭和七年度には資格学校として十佳女子高等職業学校を開校するが、これにも裁縫科のほかに商業科を設けたのである。

各種学校と有資格学校

戦前の中等教育を大別すると、(1)中学校と高等女学校、(2)各種学校、(3)高等小学校の三種に分かれていた。中学校(男子)と高等女学校はいわゆる文部省の一条校といわれ、修業年限五ヵ年が原則で、場合によっては四ヵ年でもよく、旧制の高等学校(男子)または専門学校(両方とも現在の大学にあたる)へ入学する資格が与えられた。高等小学校卒業資格で入る甲種実業学校も、これに準ずる扱いがなされていた。それに対して、各種学校は内容的な自由はあったが、上の専門学校への入学資格はなかった。本郷家政はこの各種学校なのであった。

それまでの私の教育方針として、中産階級の比較的下の層の者を入学させていたが、高等小学校へ行くよりは、女学校卒業という肩書もつくといって喜ばれていた。また、教科内容は卒業後実際に役に立つものに重点を置いていたし、このころは就職にも力を入れたので、一流事業所へも世話をしてもらえると生徒たちも喜んでくれた。

しかし、学業成績のよい生徒で、もっと伸ばしたほうが本人のためにもなる生徒がいても、専門学校に入学する資格を与えることができなかった。私はそれが残念でならず、文部省に申請して認可を受け、有資格学校に昇格したいと思っていろいろ研究した。しかしそれには学校にふさわしい一定の校地、校舎、運動場などの設備や、教員陣容、運営資金の預金証明などが必要であり、この申請は予想をはるかに超えるほどむずかしいものであった。

隣接の東片町の土地

当時私の学校は、学校といっても運動場らしい運動場さえもない状態で、私という人間を信用して本郷家政女学校を認可してくださったことに私自身が感激し、全力を尽くしてその信用に応えようと働いているばかりだった。そして、そのうちに土地を拡張して立派な校舎を増築しようとは思ったものの、学校の周囲は日立製作所社長の小平浪平《おだいらなみへい》氏や薬種問屋の小西新兵衛《こにししんべえ》氏など資産家の所有であり、表南隣は財団法人島津奨学資金（後の鹿児島奨学会）の同学舎学生寮、北隣は小田原に本山のある大雄山最乗寺《だいゆうざんさいじょうじ》（道了堂《どうりょうどう》）であって、どう交渉してもとうてい交渉に応じてくれる相手とは思えなかった。

それでなくても、市電だけしか利用できないこの追分町は交通至便とはとうていいいがたく、震災後郊外へ延びている住宅地の状態から見ても、当時省線といった国電（現在のＪＲ）の駅近くに、やがては移転しなければならないときが来るとは考えていた。

しかし、当面この場所からすぐに動くことは不可能であってみれば、東側だけにしか通路のない袋地の校舎は、何かの災害が起こったときは危険であり、生徒の生命の安全を考えると、西側の東片町《ひがしかたまち》通りに抜ける非常口が必要であると痛感した。そのためには、何がなんでも地続きになっている小西新兵衛氏所有の約百五十五坪（約五一二平方メートル）の土地を売っていただくほかはないと覚悟を決めて、交渉を開始したのである。

小西新兵衛氏の奥様

日本橋三越前、そのころ山口銀行の隣にあった小西ビルに出向いて、薬種問屋の小西社長に面会を求め、単刀直入に用件を切りだした。

「人の子を預かる責任者として、万一の場合に備えて非常口を設置する必要を痛感するので、そのためにぜひお宅の土地を譲っていただきたい」

と哀訴嘆願したのであるが、案の定、その場で即座に断られた。そして、

「土地なら、こちらのほうがそちらのものを買いたいぐらいだ」

と、にべもなく押し返されてしまったのである。

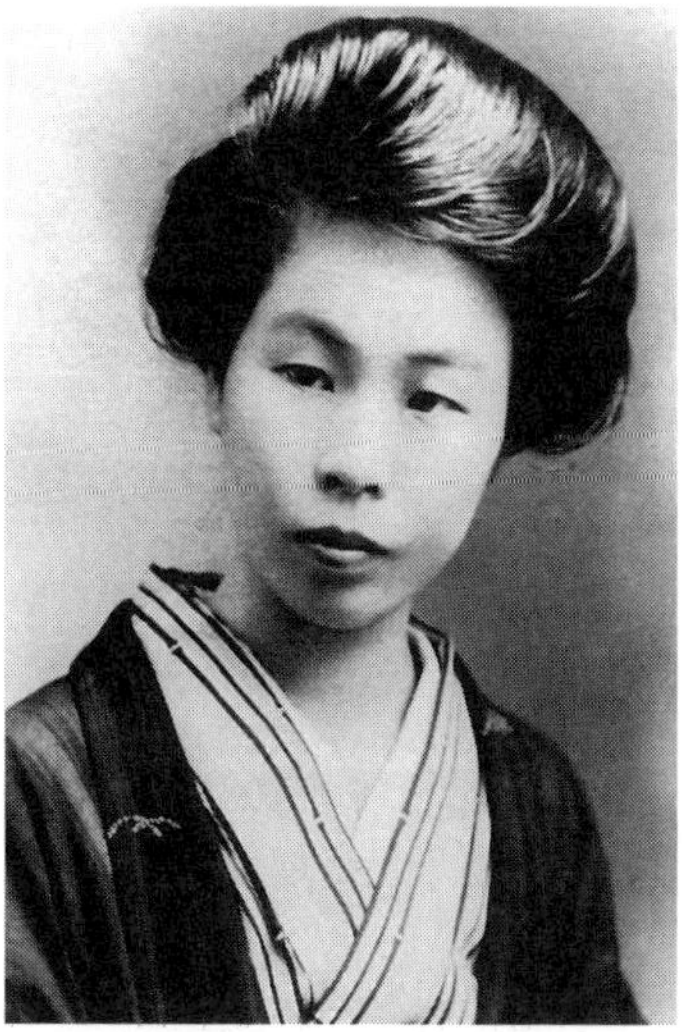

小西氏と苦心の交渉をしたころ
（昭和5年ごろ）

しかし、この際どうしてもこれをお願いしなければならない私は、市ケ谷駅近くにある麹町《こうじまち》（現在の千代田区）の小西氏の本邸を何度か訪ねてみたが、いつも門が閉まっていてどうにもならなかった。こうして開けてくれない門の前に立つこと幾度か。用事の合間にかけつけてはまた帰ってくる

というくり返しで通ったある日、門が中からギイッと開いた。小西夫人が親戚らしい方を見送って出てこられたのである。

私は一瞬、神のご援助のような思いがした。そして、すぐに名刺を出して、

「ぜひお願いしたいことがあって参りました」

と申し述べたところ、まことに気持ちよく座敷に通してくださり、いろいろ私の話を聞いてくれた。「毎日こちらの門の前に立って、門の開くのを待っていました」と申し上げると、大きな屋敷だけに裏通りにも通用門があって、出入りはすべて裏門からしているとのご返事で、どうりで門が開かないはずだと、はじめて納得した。

聞けば奥様は関西第一の薬種問屋武田長兵衛《たけだちょうべえ》氏の妹様であり、当時西の武田長兵衛、東の小西新兵衛と言われるほど、両氏はたいへんな長者であった。小西氏は各区に広い土地を持っており、知らぬ人もない知名の士であった。ところが、土地は買う一方で、売ったことのない人だと聞くに及んではたと当惑したものの、この奥様を神様とも思い、平身低頭して、非常口が欲しいということを訴えたのである。

坂東氏の進言

その夜、小西家においては、私のことで相談会が持たれたようである。翌日、小西家の不動産管理人で、当時真砂町《まさごちょう》に住んでいた坂東という人がわが校を訪ねてこられた。そこで、私は坂

東氏に自分の希望を述べ、どうかまとめてくださいと頼んだのだが、氏は私の顔をつくづくと見て、「あなたは、金持ちの心理がわからないようだ」と言うではないか。

「あなたは、生徒のために非常口として裏通りに通り抜けられるようにしたいという自分の希望が立派だと思っている。そういう希望を述べて頼み込めば、小西氏は財産家だから売ってくれるだろうと思っている。そこが間違っているのです。金持ちというのは、いつでももうけることを考えているから金持ちになれるのです。頼まれて売ってばかりいたら、金持ちにはなれません。持ったが最後売らないから、金持ちとして続いているのです。小西新兵衛という人は、過去においても絶対に土地を売らなかった人だが、一度だけ例外がありました。それは、今の有楽町の朝日新聞社（現在は有楽町マリオン）のあるところが昔は小西氏のものだったので、朝日の社長の村《むら》山龍平《やまりょうへい》氏が頭を下げて何度も来られたが、例によって承諾しませんでした。結局、小西氏の親戚の人たちが新聞に悪口を書かれてはと心配して進言したこともあって、小西氏の希望する京橋の鎗屋町《やりやちょう》と弥左衛門町《やざえもんちょう》に替地《かえち》を探して交換したのです。あなたも、どうしてもと言うのなら、本郷より良い場所で小西氏が気に入る土地を探して、同値で交換を頼むんですね。方法はそれひとつです」

と話してくれた。

「仰せの通りにいたしますから、ぜひご協力ください。生徒の命を守るためですから、代価はいといません」

と私は、すぐに頼んだのだが、そのとき坂東氏は、

「あなたの性質では、あなたは永久に金持ちにはなれないでしょう。けれども、事業をするうえで必要を痛感し、それに邁進《まいしん》するときには、金のほうから必ず寄ってくるでしょう」

ともつけくわえた。この言葉は、その後の五十年をふりかえってみて、じつに言い得て妙であった。

行き詰まる交渉

本郷より地価が高く魅力のある地域といえば麴町あたりであり、私は自らも麴町の土地を探して歩いた。高級住宅が多かったので、犬にほえられたり追いかけられたりもしたが、そんなこわい思いもなんのその、ひたすら探し求めたのである。結局、坂東氏の紹介してくれた麴町の小西邸の隣に住む立花さんという方の土地家屋を私が買って小西氏に譲り、そして、東片町の土地を私が同日登記で売ってもらうことで、ようやく話がついたのである。

私はこの土地購入のための資金を母に出してもらうのが気の毒だったので、いろいろ調べた末に、日比谷の日本勧業銀行（後の第一勧業銀行。現在のみずほ銀行の前身の一つ）から、不動産を担保に十五年の年賦償還で不足分を借りることにした。じつはこれからが、私の本格的な私学経営とも言えるのであろう。

約束の登記の日を待っていたところ、突然坂東氏が来訪され、約束通りの交換ができなくなったと言った。私はびっくりしてしまい、苦労の末にまとまりかけた話が一朝にして崩れては、せっかくの計画がご破算になり、これまでの苦心も水の泡になる、どうしても困ると言って、坂東氏を問い詰めた。

坂東氏の話によると、立花氏は自らの宅地と住宅を売った金で、どこか気に入る土地を買うつもりでいたが、それを購入する予算が超過してしまったというのである。しかし、一度売り値を決めてしまい、いまさら増やしてくれとは言えないので、この件は破談にしてくれないかと申し出があったというのである。そう簡単に約束を破られては困るので、その増額分を聞いてみたところ、二千円とのことであった。当時の二千円は大金であり、一千円でかなりの家が一軒建つ時代であった。

私のほうは、非常口が必要だから、ただでさえ相場以上の高価なものを購入するために、はじめて借金までして支払おうとしていた矢先なので、ほんとうに情けなくなり涙が流れた。坂東氏はいろいろ慰めてくれ、何とかする方法を考えるから時間をくれと言って帰っていった。

母の言葉

幾日が過ぎて、坂東氏が再度この話で来訪した。氏が言われることには、

「増額二千円は本来小西氏が出してもいい金だと思うが、金持ちの心理でそうはいきません。島田さんが出せと言ってきかないのです。もしそうしなければ、麴町の土地は気に入っているから二千円余分に出して自分で買うつもりだが、その場合、東片町の土地は島田さんに売らないで自

分の所有にしておくと言っているのです」

とのことであった。坂東氏は、「いくら話してもたぶんむだだろうけれど、努力はしてみるから、もう少し時間をいただきたい」と言って帰っていかれた。

私の心配は頂点に達し、母に金の心配はかけたくないが、せめて知恵だけはさずけてもらおうと思って、一部始終を話した。すると、母は、「おまえはあの土地が欲しいのだろう。欲しかったら出すのだね」と言う。まことに明快な返事であった。私がいっぱいに張ってしまって、もうお金が出ないことを知っていて、母はそう言ったのである。その後、私は何回か土地の拡張交渉問題にぶつかったが、いつでもこの母の言葉を思い出し、生徒を喜ばす施設ができるなら、先方に喜んでいただけるだけ出し、人から恨みを受けることがないよう心掛けてきた。

さて、坂東氏は、「島田さんがそれではあまりに気の毒だから、二千円を作る方法を考えてきた」と言うではないか。

「小西さんも、欲しい土地が手に入るのだから五百円出しなさい。立花氏も一度決めたことをひっくり返すのだから五百円出しなさい。そして、島田さんも五百円出しなさい。自分もまとめようと努力してきて、島田さんからもお礼の約束があるけれど、その中から五百円出してこれで二千円を作り、話をまとめることにしたい」

という報告であった。

私は涙が出るほどうれしかった。捨てる神あれば、助ける神も必ず現われる現世の不思議さである。すべて誠心をもって当たれば、神の感応が現われると今でも信じている。

はじめての土地購入

私が校地として独力で土地を購入したのは、これが最初である。そして、いろいろな意味から、じつに得がたく尊い経験をしたのである。登記が成立したのは昭和六年五月のことであるが、その日小西新兵衛氏が登記所で私に話した言葉も忘れがたい真実の教えであった。

「あなたは、この土地を得るのにたいへん苦労をされた。しかし、苦労をして得たものは必ず残りますよ。苦労なしで得たものは失いやすいものです」

と小西氏は言われた。

後に昭和三十一（一九五六）年、中学・高校の校舎を本郷の追分町から上富士前町（現在の本駒込の中高所在地）に移転させようとしたとき、資金集めの苦しさからこの東片町の土地を売ってしまおうと何度か思ったが、この土地を得るための苦しい体験を思い出し、持ちこたえられるだけ持っていなければと考え直してとうとう売らなかった。後の文京女子短期大学（現在の文京学院大学）は、この追分の土地があったればこそ、設置認可を文部大臣から得ることができたのである。

やはり、小西氏の言葉はほんとうであった。苦しんで得たものは、その経験と同様に、将来生きるときがきっと来るものと信じてよいのではあるまいか。

さて、やれやれと思っているとき、東京府知事から府知事認可の各種学校長全員に招集がかかり、府知事から、この中で、自分の学校を文部大臣認可の中等学校に昇格させたいと希望する者は、その用意をしたほうがよい、という内容の話があった。私はすでにそういう構想は立てていたものの、私の力ではまだ無理とも思えた。しかし、このおぜいの校長たちは好機到来とばかり申請するのではないかとも思われ、翌日、さっそく東京府の学務課へ出向いて、前日の府知事の言葉を聞いて相談に参上した旨を話した。意外に、「まあ、申請書を作って提出してごらんなさい」との言葉が返ってきた。勇気は出てきたものの、さてと考えてみた。

各種学校は諸学校の中でもいちばん格が下なので、一般的には軽んじられた存在であるが、私立学校の特色をじゅうぶんに生かせるよさがあるので、簡単にそれを昇格させるべきでないという年来の信念を私は持っていた。しかし、一方、専門学校入学のための有資格校としての認可を取ることも、勉学意欲に燃える生徒のために必要であった。

「十佳」の校名

私は、この有資格学校設立申請にあたり、校名を「十佳《じゅっか》女子高等職業学校」と決めた。

世に、完全なこと、欠点のまったくないことを「十全《じゅうぜん》」という。また、あらゆる悪いこと、すなわち十悪を行わぬことを「十善《じゅうぜん》」といい、「十善の君」といえば、前世に十善を行った果報により現世に受けるという天子の位を意味する。

「十佳」という校名は、それらの意を「佳（か・よい）」として採り入れ、私が考えたものであった。

「一番好きなものは？」と問われれば、私は、躊躇なく「富士山」と答える。「八面玲瓏《はちめんれいろう》」という、富士によく捧げられる言葉は「十全」「十善」や、「十佳」につながるものと、私は思う。春夏秋冬、それぞれに、どこから見ても美しい富士の山は、いつまでながめていてもあきることのない私の尽きぬ愛好の対象であり、また理想でもあった。そんな教育をしてみたい、という私の理想の校名であったのである。

ところが、「十佳」という言葉は人口に膾炙《かいしゃ》していないために、なかなかその通りに読んでもらえず、また、「実科」「千住」「十往」などと書き間違えられることが多くて苦労をした。

有資格学校設立認可を申請

各種学校の特色のひとつは学科内容をいろいろ自由に工夫できるところにあり、私は、生徒の質を見たり、時代の動きや要求を考えたりして、毎年改良することを楽しみにしてきた。そのため、この各種学校は存続させたい。しかし、さらに上級学校へ進んで勉強したいという意欲を持つ生徒のために、五年制の高等女学校と同じ資格が与えられる学校も必要である。その学校は高等小学校卒業を入学資格とし、昼間部は第一本科として修業年限二ヵ年、夜間部は第二本科として三ヵ年とするのが私の構想であった。

さて、校舎のことであるが、昭和二年から続いている本郷家政女学校をそのままにしてと思うと、新しい学校のために新築予定の図面を引かなければならない。幸い小西氏から買い受けた東片町の土地は、南北に短く、東西に長い地形であるため、校舎設計にはもってこいの場所であった。私は昔から設計図を書くことが好きだったので、さっそく方眼紙に自己流で校舎の設計図を書いた。

かつて本郷家政の設立認可のときは、片岡文太郎氏の温かいご指導を受けたが、今度は自分ひとりでやってみようと思った。当時は、役所に提出する書類は、すべて美濃紙という上質の和紙に、カーボン紙をはさんで複写をとりながら、全部自分で骨筆を用いて書いたものである。

設立認可申請書を苦心して作りあげ、すっかり調えて府の学務課へ持っていった。「建築はいつからですか」と尋ねられて、私は、「これで許可してくださる見込みが立てば、必ずすぐに取りかかります」と勇気を持って答えた。

文部省係官への意見具申

府知事の説明会にあれだけの校長たちが集まったことであるし、申請者はきっと多いであろうと予想した。そういう人たちにくらべると私はいちばん微力だし、年も若いから、競争となったらとても及ばないと思った。

私が設立の基礎としたのは高等女学校令や商業学校規程であり、在学中にじゅうぶんな腕をつけるとともに、専門学校にも入学資格の得られる学校をつくるべく申請したのである。そして、文部省に赴《おもむ》き、係役人に意見具申を行った。このときに私の意見と説明を聞いてくれた役人は、私に「夜間部は、募集しても女の子の入学希望者はいないのではありませんか」と心配してくれた。

「いいえ、将来この科で救われる者がきっと出ます。たしかに、今すぐに希望者は集まらないかもしれませんが、内容を知らせる努力をしていればやがて集まってくるでしょう。経営のほうは、家政女学校が発展していますので心配ありません。第一本科、第二本科（夜間部）とも育て上げ、きっと世の中のお役に立つよう努力します」

と私は答えた。

係の方は私の具申内容をたいへんよく理解してくれて、認可になるよう骨を折ってくださったので、私はいまだに感謝している。あとから聞いてびっくりしたのは、この年、新設校を申請したのは東京じゅうで私ひとりであり、他に各種学校を昇格させる申請をしたのがたった二校だったということである。

小酒井先生の『闘病術』

話は前後するが、私は満二十七歳（昭和四年）のころに肺を患《わずら》った。その道の権威と言われた医者にもずいぶんかかったけれど、微熱が二ヵ月以上も下がらなかった。そのようなとき、私は『闘病術』という本を読んだのだが、大いに得るところがあった。

順天堂大学附属医院の前医院長小酒井望《こさかいのぞむ》先生の父上である小酒井不木《ふぼく》博士が著した書物で、「病気が治るか治らないかは、医者の力や投薬の結果だけでなく、患者の心の持ち方に大いに原因するところがある。つまり、治りたい心は誰でも同じだが、どうしても治すのだ、治らなければならぬと、日々強い心を奮《ふる》い起《お》こすことが何よりも大切だ」と書かれていた。

そのころ、娘の私ひとりを頼りにしていた母が、「どうせ治らないのなら、私の葬式を出した一日あとに死んでおくれ。それまでは、おまえに責任がある」と言って私の枕元で涙を流したが、それは、老後を託す親としては当然のことであった。『闘病術』を読み、つくづく考えた私は、母の苦労に報いるためにも、健康を取り戻さなければ申しわけないと、勇猛心を奮い起こした。

そのとき、私は東大附属医院の稲田内科に入院していたが、思いきって稲田龍吉《いなだりようきち》教授に手紙を書き、

「私は、責任上どうしても治らなければなりません。先生の言いつけはどんなことでも守ります。どんなにつらい治療でも受けますから、必ず治してください」

とお願いした。おおぜいの医局員を従えて回診に来られた稲田教授はその手紙を覚えておられ、私の顔をじっと見て、「島田さん、あなたならきっと治りますよ」とおっしゃってくださった。

薬にだけ頼るのではなく、まず自分の心を清めようと思った。そして自分の記憶が始まる三歳くらいまでさかのぼり、それ以後自分の心に宿ったあらゆる不純なことを思い出しては、天地の

神にお詫《わ》びすると同時に、「大恩ある母の葬式を出すまでの命でいいから、親孝行だけはさせてください」と、心を尽くして祈った。

こうして過去を思い起こし、神へのお詫びを続けて、もはや思い浮かぶことがひとつもなくなったとき、熱が平熱に下がったのである。

わがままな心や競争心をつのらせたり、他人の羨望や嫉妬心を抱いたりすると、病や災難となって、いつかは自分の心にはね返ってくる。小酒井博士の『闘病術』を読んで、心を善くする必要を知ったことは、非常に幸せであった。

退院して健康が回復し、教室に出るようになってから、私はこの体験を生かして、精神すなわち自分自身の心の持ち方がいかに大切かを生徒に説いた。いろいろな例をあげた私の話を生徒は真剣に聞いてくれた。

4　校運進展の時代

認可の朝の富士の夢

昭和六（一九三一）年十二月二十二日朝まだき、私は不思議な夢を見た。それは、富士山のすそ野に自分ひとりで立って、晴れわたった大空に富士の頂上をながめているところであった。富士山は私の大好きな山で、一度は頂上まで登ってみたいと念願してはいたが、そのころまで富士山は遠くからながめるだけで、そばへ近づいてみたこともなかった。それなのに、ふもとに松が慕うがごとく生えそろっている情景まで見えるではないか。その後、何年か経って東海道を汽車旅行したときに、その夢と同じように、松の木を手前にした富士の雄大な姿に接して驚いたことがある。

さて、富士山の夢を見た朝、十時ごろであったか、文部省の係の方から電話がかかってきた。

「ただいま大臣の決裁が済みました。認可書は東京府から本郷区役所へ回り、お手もとへ届くのは半月以上あとになると思いますが、心配しておられると思いましてお知らせいたしました」

という、まことに親切な電話であった。

富士のすそ野に私はひとりで立った。これから歩きだすのもひとり。富士の頂上をめざして、万里の道もひと足よりと、何十年かかっても、一人前の学校に仕上げて女子教育のために働き、この信用に応えなくてはならないと決意を固めたのである。

ここにおいて、いよいよ校舎を新築する義務が生じ、最小限度二階建て八教室、二百坪（約六六〇平方メートル）を超える校舎を建築するための資金繰りをいろいろと考えたのである。

芝江組

認可申請に際して、校舎については設計図だけであり、その校舎を実際に建築するための資金の証明書添付を求められなかった。また、あとで聞いたことだが、財団法人を設立していない個人の資格で、校舎の建築もまだできていないまま資格学校が認可になったのは、あとにも先にも私だけだとのことであった。この身にあまる信用に対して、まず早く校舎を新築し、教育効果をじゅうぶんに上げなくてはならないと思った。

建築といえば、これまでは父の代から出入りする大工の棟梁《とうりょう》に頼んで増築や改築をしてきたのだが、本格的な校舎ともなると、学校建築を手がけた人でなくてはいけないと思った。そこで、小学校の建築経験のある人に紹介を依頼したいと考えて、久しぶりに本郷区長の片岡氏を訪ね、このことを相談した。

片岡氏は私が小西氏から土地を買ったことを知っていて、あの人からよく買えたものだとたいへんほめてくださり、さらに、文部大臣認可校と各種学校の両校経営の手腕についてもほめてくださった。そして、堅実な請負師の紹介をお願いしたところ、現在の荒川区西日暮里にあった株式会社芝江組《しばえぐみ》の芝江新太郎氏を紹介してくださったのである。

やがて自分の設計した校舎の図面を持って、芝江組の社長に会うべく区役所を訪れた。区長立

東片町の裏通りから見た新校舎（木造2階建て。昭和9年3月落成）

ち会いのもとに会ったのは、請負師には相当したたかな人も多いと聞いていたので、仕事上間違いを起こしてはいけないという懸念があったからである。

芝江組は区の小学校などをいくつか手がけているらしく、また、区長の紹介なので私も安心していたが、おおよその見積を聞いたとき、私は、予算の不足を感じた。察しのよい区長は、

「お金が足りなくても、この島田さんは堅い人だし、なにしろ小西新兵衛氏の土地を買うほどの手腕がある人だから、貸してもだいじょうぶですよ」

と芝江氏に言い添えてくださった。私はじつにありがたいことだと思い、期限前に必ずお返しすることを約束したのである。こうして取りかかった木造二階建て二百一坪の新校舎は、昭和九年三月に落成する運びとなる。

網干宗一氏の学校

創立以来十年経った昭和九年九月、傍目《はため》にはいささか学校としての成長が見えたころ、長い間病気療養中であった夫がこの世を去った。夫には、最初の約束通り私の仕事を手伝ってはもらわなかったけれど、老母と私と子ども三人を残して夫が死んでしまうと、当然のこととはいえ、私の心中の覚悟は容易なものではなかった。

そのような折、教頭格で勤務してもらっていた網干宗一《あぼしそういち》氏が、その年の十二月をもって退職したいと申し出てきた。まさに、ダブルパンチと言っていい事態であった。聞けば、自分の学校を中野に開こうと校舎の建築にかかっていたが、このほど開校の用意がすべて調ったのだという話であった。

私は、かつて教えてくれる人がいないために各種学校認可申請に苦労をしたことを思い出し、この際人に意地悪をするどころか、援助の手を差し伸べてあげるべきだと考えて、網干氏に私の書いた申請書を見せてあげ、東京府学務課の役人にも紹介してあげた。やがて、中野に開校した氏の敷島家政女学校に招待された。

網干氏は、本校勤務中に私の教育や経営のやり方を見て、こうすれば私学は経営できるのだということをしっかり学んだようで、この女学校の印刷物や学科内容、生徒の制服から校章の意匠にいたるまで本校のものに似ていた。おまけに本校の優秀な教員を講師として依頼済みという手回しのよさであった。私も、これにはびっくりした。

校舎は全部新築で、私のところよりはよほど立派であった。網干氏は、氏の父親に本校の状態を見せて資本金を出させたとのことである。すでに学校として完成した形をなしていることに、さすが男性のやることは違っていると思った。しかし、それだけに、私立学校として肝心のものが欠けていると私は感じた。

「どうだった」

と母が聞いた。

「網干さんの学校は私のまねだけで、自分の創意らしいものがない」

と答えた。私は、そのころ頭の中に創作的なものをたくさん考えていたのだが、自分の力を考えて現状止まりのことしかしてはいなかった。そこまでで完成と見た網干氏はそのまま模倣をしたようだが、私はこういう流儀にはなじめなかった。

これは後の話になるが、太平洋戦争も敗色の濃くなったころ、中等学校生徒に学徒動員令が下り、各種学校生徒に対しては徴用命令が出た。網干氏の学校は創立当初の平和な時代には栄えたものの、この時期にいたって、当然のことながら、各種学校として成り立たなくなった。この大変事に、網干氏は私のところへ相談に来た。

私は先が見えないときは歩かぬ主義なので、じっとしていたいと言ったのに対して、今のうちなら売れるから一緒に売りましょうと、親切に勧めてくれた。実際、氏は校地・校舎を売却して大金に替え、安全地帯に引っ込んで戦後の再起に備えたが、私はそういう決断をしなかったため、戦中、戦後の大苦労をひとりで背負い込んだ上、再起するまでに幾多の劇的場面を展開しなければならなかった。

北側隣接地の道了堂

　学校の北側隣接地は、先述の通り小田原の北に本山のある大雄山最乗寺東京別院（通称道了堂）である。校地拡張の必要に迫られていた私が最乗寺との交渉を最初に始めたのは、ちょうど夫が亡くなって間もないころであり、神経痛に悩む母を伴って箱根の強羅《ごうら》温泉に湯治に行ったときであった。

　そのとき、私は、当時の最乗寺の山主で昭和の傑僧といわれた伊藤道海《いとうどうかい》禅師にお目にかかる光栄に浴した。

　かねてから、禅師は、久しく衰退していた曹洞宗《そうとうしゅう》の東の大本山、鶴見總持寺《つるみそうじじ》中興の礎を築かれた偉い方であると存じ上げていた。はからずも禅師が箱根の別院においでになることを知って、女子教育についてご高説をうかがわせていただけたら、と丁寧に接見をお願いして許されたのである。

　意外にも、道海禅師は私のことをご存じであった。東京別院へお越しのたびに、私のうわさを耳にしておられたそうである。禅師は、女子教育は大切なので、しっかりやってください、と励ましてくださった。そして、

「しかし、校地が狭いようですが、拡張のご意思はないのですか。もしも、そのご意思があるのなら、今の東京別院は下町に移したほうが信者さんにも都合がよいから、ご相談にのってさしあげましょう」

とおっしゃってくださったのである。私も、

「隣接地に広げなくては、追分の地で学校らしい設備改善は不可能なので、せめて東京別院の境内裏手にある家作四軒分の土地だけでもお譲りいただけたら」

と申し上げたのだが、思いがけぬ成り行きに母ともども大喜びをしたのであった。

道海禅師と院代和尚

その後、道海禅師とは鶴見の總持寺で何度かお目にかかり、話を進めていただいた。参上のつど、奥のお座敷に通してくださり、黒塗りの立派な膳部で食事をごちそうになったこともあった。

「こんなにたびたび鶴見へ通うのはあなたもたいへんだから、お宅の隣の別院で話がつくようにしてあげましょう」

とおっしゃっていただき、私はただただ感激するばかりであった。

しかし、その学校の隣の別院に赤星龍禅《あかほしりゅうぜん》院代《いんだい》和尚《おしょう》をお訪ねしたとき、座敷に上げて面会はしてくださったものの、開口一番、

「あなたは、隣で間に合うことをなぜ鶴見まで行くのですか」

と、ご機嫌すこぶるななめである。私ははっとなり、自分の政治力のつたなさ、外交のまずさをしみじみ感じたのであった。

役所の認可を取りつけるときなど、上役・下役それぞれの人たちの意をそこなわないように努めるのに苦労する経験談はしばしば人に聞かされていた。しかし、私自身はそういう裏道のむずかしさなどはいっさい知らず、むしろ下手な外交をするより正直にありのままを見てもらい、その結果で教えていただくという方針を通してきた。しかし、主義は主義として、道海禅師にお会いして勇気づけられた喜びが大きかったばかりに、肝心の譲っていただくべき土地を預かる直接責任者を飛び越えて話を進めた私はうかつであったのである。院代和尚がおかんむりになるのは、もっともであった。

小田原の最乗寺本山へ

はじめに一度会ってくださったものの、その後は何回お訪ねしても、院代和尚が会ってくださらなかったのは、涙が出るほどつらかった。

「来客中です」「お出かけです」「お風呂に入っています」「もう今日はおやすみになりました」等々、面会不能の理由はまちまちだが、要するに私に会うのを避けていらっしゃるのである。こちらの熱意が通じて、いつかは会ってくださるだろうと念じていたが、なかなか気持ちを聞いてはくれなかった。

いっそのこと、道海禅師に真相をお話ししたらどうかと迷いに迷ったが、すべて穏やかに事を運ぶのを信条にしている私は、我慢に我慢をして時機の来るのを待っていた。

何十回目かの訪問のときであった。「今日は、小田原の本山のほうへお出かけです」と、思いがけないことに、取り次ぎの人がはじめて院代和尚の所在を聞かせてくれたのである。ちょうど、学校で展覧会を開いたあとで、へとへとになってはいたが、「今日こそは……」と期待しつつ、私は直ちに小田原に向けて出発した。

最乗寺の本山へは、小田原駅から大雄山線の電車に乗り換えて行く。終点から本山の大伽藍《だいがらん》のそばまで現在はバスが出ているが、当時はそれもなく、四キロほどの山道を歩いて登らなければならなかった。はじめてのなれない山道だったが、ようやく所在が明らかになった院代和尚に今日こそ会えると思って、自分を励ましながらとぼとぼ歩いていった。しかし、元来足弱な私は、お山に行き着かぬ途中で疲れ果ててしまった。展覧会開催など日ごろの疲労が一時に出てしまったらしく、足腰の疲れとともに腹痛に襲われ、一歩も歩けなくなってしまったのである。

やっとの思いでたどり着いた茶店で薬を所望して、かびが生えたような丸薬をもらって休ませてもらったのだが、このときほど、強力な後援者もなしに学校を経営する微力者のあわれさを感じたことはない。

あれから四十数年を経て再び最乗寺との新たな交渉が始まり、お山にご挨拶に行ったとき、息子の運転する車の中から、「ああ、この道だ。あの茶店だった」と、当時を回想して感慨まことに深いものであった。

思いもよらないこと

　さて、院代和尚に会いたい一心で、疲れた身にむち打ってようやく着いた本山で私を待っていたのは、思いもよらないことであった。なんと、院代は追分の別院にいらっしゃる、というではないか。私の驚きぶりと、にわかには信じがたい気持ちを見てとった応対の寺僧は、私の前で東京別院に電話をかけてくださった。すると、確かに院代ご本人が電話に出られたではないか。院代和尚は、「お山に行くなどもってのほか」と、またまた初対面のときと同じようにお怒りになり、ガチャンと電話を切ってしまわれた。

　そのときのみじめさ、あわれさは、今でこそ口にも筆にもできるが、とにかく言いようがないほどで、ただただショックに打ちのめされてしまった。来たときよりもさらに重い足と心を引きずるように、またとぼとぼと山を下りていったが、とうとう東京に着くまで涙が止まらなかった。せっかく行ったのだから、代わりのどなたかに話をすればよかったのかもしれないが、そんな気持ちの余裕などなかったのである。

　私の帰りを待っていた母は、話を聞いてすっかり怒ってしまい、

「ばか正直なおまえが、かなう相手ではない。おまえではだめだから、この話はもう打ち切るべきだ」

　と、母にしては珍しく強硬な意見だった。とはいえ、その後何回か最乗寺の関係者にお目にか

かったのだが、個人所有の土地とは違って譲渡は絶対無理だと聞かされても、隣接地の魅力はあきらめがたかった。そして、「いつかきっと……」と思い直し、東京別院より条件のよい場所に替地を探しては、交渉を重ねていたのである。

移転先の土地を物色

昭和七（一九三二）年に開校した十佳女子高等職業学校と、最初に創立した本郷商業家政女学校は、学費も比較的低廉《ていれん》で寄付も学債もなく、しかも、五年制の高等女学校よりも実際に役立つ教育をしてくれるわけで、だんだん評判も出てきて入学希望者も多くなってきた。私はこれに安《あん》閑《かん》としていられず、この勢いをもって、ほんとうに学校らしい広い校地と校舎を求めて移転したいものだと考えて、ひそかに土地を物色していた。

当時、今の後楽園スタジアム（現在の東京ドームシティ）のあたりは陸軍の東京砲兵工廠すなわち兵器製造工場であったが、九州の小倉へそっくり移転をしてしまって（日本が大陸政策に備えるためだったかと、あとで察したが）、その跡地について大蔵省に行って調べたところ、坪（約三・三平方メートル）六十五円で買えることがわかった。しかし、もちろんその全部を買い取ることなどはできない。あの広い場所にもしも教育上悪影響のある施設ができたときに、それをやめさせる力が自分にないとしたら、これは危険この上もないと思って断念した。

東京女子高等師範学校が小石川に移転した跡を、垂涎三千丈《すいぜんさんぜんじょう》の思いでながめたのもそのころであった。

この女高師の土地は未練が断ち切れず、その一部を坪五十五円でなるべく広く買いたいものだと本腰を入れかけたとき、駿河台の三楽病院長坂本恒雄《さかもとつねお》先生の使者として片岡文太郎氏が来校され、私が入手を切望しているその土地に三楽病院の看護婦寄宿舎を建てたいので、この計画を理解してほしいというのである。ほかならぬ片岡氏が仲介役とあっては、これを拒むことなどできなかった。そして、ついにこの夢も露と消えた。

しかし、このご縁で高松宮殿下侍医でもあられた坂本博士を知ることになり、後に文京女学院医学技術者養成選科（現在の保健医療技術学部の前身）設立に際して、先生になみなみならぬお世話をいただくことになるのであるから、世の中は何が幸いするかわからない。

市立忍岡高女の跡地

そのようにして、年も暮れかけた昭和九年のある日、ひとりの在校生の父親が来訪された。そして、この方の話を聞いているうちに、私は次第にその話に引き込まれていった。しかし、この件で、一生涯に一度というほどの、世の中のあまりに汚い裏を知る大きな経験をしたのである。

その方は、姉娘を東京市立忍岡《しのぶがおか》高等女学校（当時は上野・不忍池《しのばずのいけ》の近くにあった）へ、妹娘を本校へ入学させている教育熱心な父親であった。忍岡高女でも後援会の役員をしていて、学校運営の相談にあずかっているとのことであった。その父親、渡部氏の話によると、同年三月に東京市議会で改築案が通過しているが、市側としては、できればこの改築案を新築移転案に変えたい。それには、現在の校地・校舎の買い手さえあれば実現できるし、仮校舎をさがすより得策だと判断している、というのである。

氏はこのような市当局の意向を受けて、私のところに来られたのだが、

「島田先生、忍岡高女の校地と校舎をお買いになりませんか」

という勧めに対して、正直のところ、私は天の助けとばかりに喜んだのである。

相手が東京市だから信用できる話だと思ったからであるが、これは、私自身が広い社会のことも、政治家のことも、ほんとうには知らなかったことを立証するような事件になっていく。

ふくらむ夢

この話を聞いた翌日、東京市立忍岡高等女学校長の山本勘助《やまもとかんすけ》氏自身が来校されて、市長あてに忍岡高女の校地・校舎の譲渡懇願書を書いてもらいたいと話された。私は、市長じきじきに進める話であるから、当方は買える金さえ用意すればよいと思って、教えられるままに時の市長牛塚《うしづか》虎太郎《とらたろう》氏あての懇願書を書き、山本氏に渡したのである。

それ以後、私は、忍岡高女の改築案がなにとぞ移転案に市議会で改まりますようにと祈った。そして、やがてあの校地・校舎を買えば、当時の在校生の大部分は、本郷、小石川、下谷、浅草、本所、深川方面から通学してくるので地理的状況もよくて在校生のためにもなり、上野の森

の博物館や展覧会場に歩いて連れていけるので、生きた教育ができると、ふくらむ夢を見ながらこれを期待して待っていたのである。

市の仕事が長引くことも知らないし、まして、その後二・二六事件や一九三七（昭和十二）年に始まる日華事変（日中戦争）からついには太平洋戦争へと進むその様相は、民間人にはただただ驚きの連続であって、物価は上がるし、ものはなくなるし、統制経済が強化され、自由が束縛される時代に入ることなど、まったく夢にも予想することができなかったのである。

忍岡高女の移転先は、候補地が二転三転した末に浅草向柳原《あさくさむこうやなぎはら》（現在の浅草橋）旧松浦伯爵邸蓬莱園《ほうらいえん》跡と決定され、私は待ちに待った移転がようやく実現するものと、新校舎の完成を一日千秋の思いで待っていた。この時期、日本の大陸政策はますます進み、中国大陸の情勢は不穏をきわめていたのだが、その実情はわれわれ一般国民のうかがい知ることのできぬところであった。

忍岡高女問題に取り組んでいたころ（35歳。昭和12年）

戦地に送る物資生産第一の政策のあおりで、物価はじりじりと上昇し、国民の生活は日ごとに窮屈さを増していった。跡地買収のために用意した金の価値は下がる一方なのに、建築資材の高騰は驚くばかりである。鉄筋コンクリート建てという忍岡高女の新築計画も木造に変更させられ、事態はいっこうに進展しなかった。昭和十四（一九三九）年にようやく工事が始ま

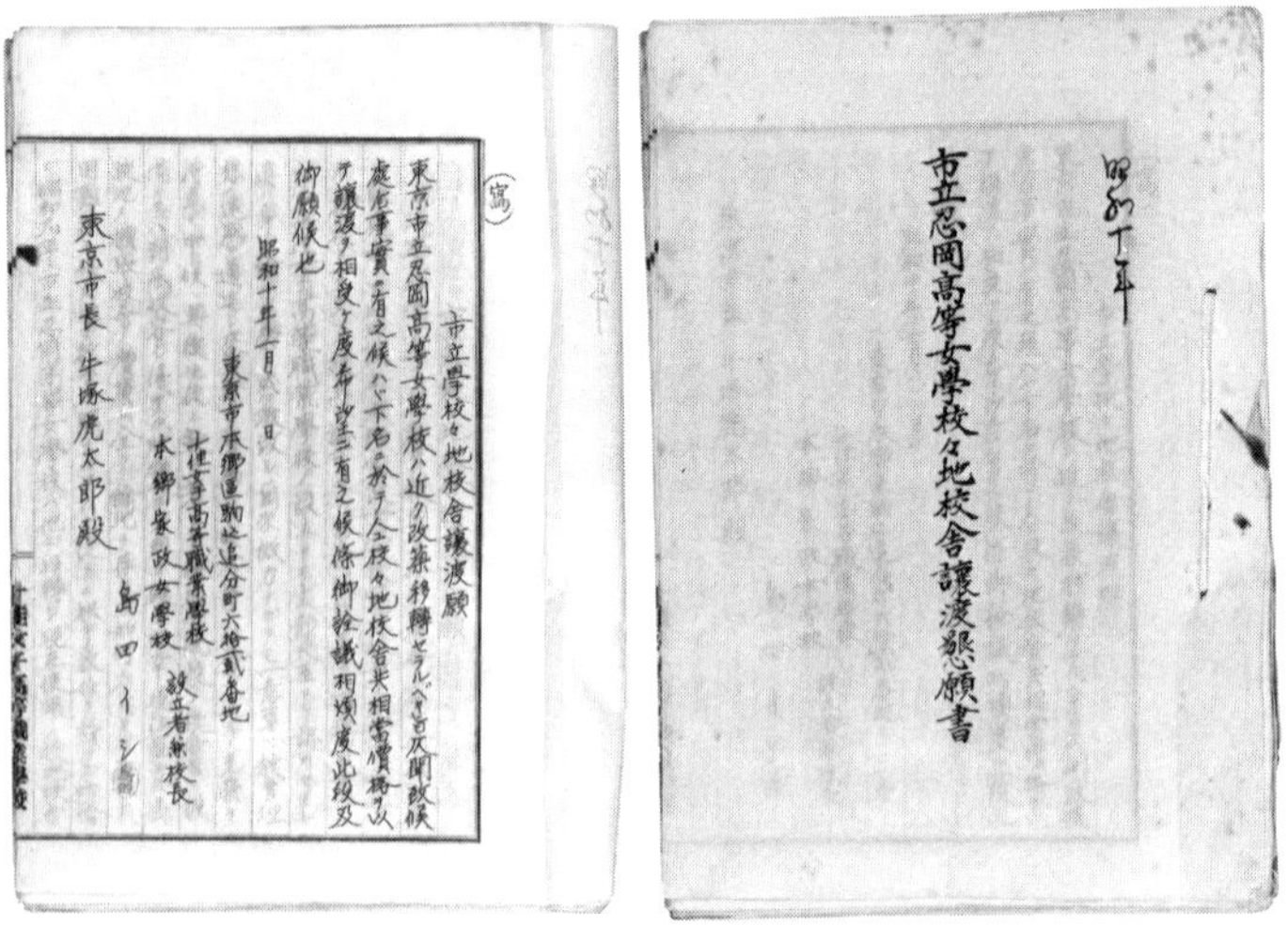
市立學校々地校舎讓渡願
東京市立忍岡高等女學校ハ近ク改築移轉セラルベキ旨及聞致候
處右事實ニ有之候ハヾ下名ニ於テ全校々地校舎共相當價格ヲ以
テ讓渡ヲ相受ケ度希望ニ有之候條御詮議相煩度此段及
御願候也
昭和十年一月　日
東京市本郷區駒込追分町六拾貳番地
十佳女子高等職業學校
本郷家政女學校　設立者兼校長
島田イシ
東京市長　牛塚虎太郎殿

昭和十年
市立忍岡高等女學校々地校舎讓渡懇願書

5年の歳月をかけて取り組んだ忍岡高女校地校舎譲渡交渉で、
市長にあてた自筆の懇願書

るまでの焦慮の明け暮れは、筆舌には尽くしがたいものであった。

この間に、東京市長は牛塚虎太郎氏から小《こ》橋《ばし》一《いち》太《た》氏へと代わっており、私は小橋市長や市の経済局長、教育局長に従来の歴史的な事実を述べて、一日も早く跡地の譲渡が実現するよう懇願書を提出したのだが、状況は進展しなかったのである。

私がいちばん懸念したのは、その当時の入学難緩和策に山本校長が忍岡高女内に個人の資格で特設していた午後授業の帝都家政女学校という各種学校が、高女移転後もその跡地に残るのではないかということであった。忍岡高女はもともと入学志願者の多い学校だったが、この各種学校に入学していると忍岡高女に空席ができた場合に中途入学ができるらしく、こちらもまた多くの生徒を集めていた。そして、移転を機に、山本校長のこの各種学校は市に受け継がれ、市立忍岡女子商業学校と校名も改まって、忍岡高女に併置されることになったのである。

心配のあまり私は山本校長に真意をただしたが、山本校長は、文部省に提出した移転許可願にもその学校を同時移転させることが記載されていると言明した。それでも私は気がかりだったので、文部省に出向いてその書類を見せてもらったところ、たしかに、高女新築の図面に忍岡女子商業建築予定地という青写真が添付されていて、山本校長の言われた通りであった。

むだに流れた五年間

はじめて山本校長の来訪を受けて以来、いたずらに五年という歳月が流れていた。懇願書に印を押した責任の重さだけを考えて、刻々と変転していく世間の様相にはらはらしながらも、私はただただ正直に待ち続けていたのである。教育に対する熱意と努力の甲斐あって、昭和十三年には本郷と十佳を合わせた生徒は一千名を超す大所帯になったというのに、跡地への移転に希望をつないで、すし詰めの教室に我慢をさせているつらさといったらなかった。

東京市長は、小橋氏からさらに頼母木《たのもぎ》桂吉《けいきち》氏へと代替わりし、この五年の間に物価は三倍にもはね上がっていた。鉄筋建物の新築はいっさい禁止となり、木造建物も大きいものは許可しない方針になりそうだと建築部の人から聞くに及んで、私は思いきって市当局や市議会の関係者を訪問し、跡地譲渡の具体的進展を嘆願した。

しかし、忍岡の問題と言えば皆丁寧に会ってはくれたものの、いずれの人も言葉をにごしてはっきりとした返事はしてくれない。自分の責任になるような言葉はけっして口にはせず、事情はわかっていても、私のために尽力してあげようという義俠心《ぎきょうしん》のある人物は、ひとりもいなかったのである。

立身術と保身術にのみ長《た》けたこれらの人々を訪ね歩いて得たことは、もしこの程度の人たちが日本を動かす政治をとっているとするならば、日本の真の発展は望めないという印象だけであった。国家の一大事の秋《とき》、自分を捨てて、国のため国民のために主張すべきは主張するだけの、真の勇気と気骨を持った政治家がいないようでは、日本もいつかはつぶれるときがくるかもしれないと、このときほんとうに思ったのであった。

競争者の出現

そうこうしているうちに、ある筋より思いもかけぬ情報がもたらされた。それは東京帝大医学部附属医院が忍岡高女跡地の買収に乗りだすという情報であった。忍岡高女移転近しのうわさに、市側と私とのいきさつを知らぬ人々が、跡地をめぐって画策していたが、もし忍岡高女とは地続きだからぜひ買いたいと帝大側が動きだしたら、力において天と地の差がある。

そのときの私の驚きはひと通りではなかった。なぜ、山本校長は、私と先約のあることを表明してくれないのか。審議上必要だからおよその価格を内報してほしいという大学側の要請に市当局が答えた、という情報を耳にしたとき、私の怒りは、自分の微力を知りながらも市当局者に詰め寄る覚悟を決めるまでに高じていた。

　地続きの土地は、たとえ坪数が少なかろうがその価値と魅力は大きい。私も、隣接地を入手することでは小西新兵衛氏との交渉などずいぶん苦労を重ねた経験があるので、帝大附属医院が地続きにあたる忍岡高女の跡地をほしいと思う気持ちはじゅうぶんに理解はできた。

　しかし、私が、この件にはいささか深い事情のあることを知ってもらいたいと、坂口医院長あてに事の経過と私の気持ちを書き綴った手紙を出したところ、徳義を重んじてか、もしくは他の理由によるものか、大学側は跡地買収問題から完全に手を引いてくれたのであった。

　それに反して、市当局はひとりとして真実に耳を傾けようとはしなかった。

「校長先生、あまり暴れまわるとそのうちゃみ討ちにあいますよ」

と注意してくれる人もいたが、いっそのことそのほうが、事が表沙汰になって都合がいいとさえ私は思った。

　折から、私は、山本校長が例の各種学校を、移転跡にそのまま存続させようと計画しているとの話を耳にした。

　私を利用して自分の目的を達したのかと、つくづく情けない思いをしたけれど、それなら私もやれるところまでやってやると決心したのである。そして、市当局の最高責任者である頼母木市長に直接面談したいと思った。

頼母木桂吉東京市長

逓信大臣《ていしんだいじん》をしたこともあるこの新任の東京市長は、田んぼに入って農民と一緒に田植えをしたと新聞で報道されたり、雑誌『改造』に、「市政をよくするために直接市民の声を聞きたい」と書いたりしていて、一般に好印象を持たれていた。

私は、さっそく頼母木市長に手紙を書いた。それは、昭和十年以来、忍岡高女との約束を守って待ちに待ったこと。そして、すでに買収費の用意があること。市民の声を直接聞いて政治に生かしたいとの市長のお言葉でもあるので、近々直接ご返事をうけたまわりに役所におうかがいするから、よろしく善処方お願いする内容であった。

反応を待っていたところ、市長は私の手紙を読んで、「これは困った」ともらしたということを伝え聞いた。さすがにこの市長は正直な心のある人で、他の関係者のように言を左右して自分の立場だけを守ろうとしている人とは違うと思ったので、朝早く市長室の前へ行き、一番で面会を求めたのである。

応接室に通され市長に対面した私は、

「五年も待って、今や木造建築さえ校舎のようなものは確認許可がむずかしいといわれている。忍岡高女の校舎跡地が買えなければ、生徒に対する責任も果たせなくなり、絶体絶命となるので、ぜひ約束の履行をしていただきたい」

と迫った。すると、そのときに市長は、

「島田校長には申しわけないが、三年前まではそのつもりでいたものの、現在は入学難時代で教育施設の増設の必要に迫られている。あの忍岡高女新築移転の跡は忍岡女子商業学校として残したいと役所のほうで考えるようになった。島田さん、すまないが我慢をしてもらいたい」

と言うではないか。

舌鋒鋭く市長に抗議

それに対して、私は、

「あなたは、大臣まで経験した立派な政治家だと思ってきました。政治家とは百年の大計を考えて実行すべきであるのに、三年前まではあなたに売るつもりだったが三年経った今は考えが違ってきたというのは、政治家として恥ずかしい言葉だとは思いませんか。不肖私ごときでさえ、常に三年先ぐらいは見通して仕事をしており、いまだに見通しを誤ったことはありません。だからこそ、今すぐにでも忍岡の校舎へ移れるだけの用意を万端整えて、約束を果たしてもらおうと待っていたのではありませんか。政治家がいったん発表したことなのに、三年過ぎたら世の中が変わったので、国民との約束はなかったことにしてくれとはなにごとですか。そんな信義を重んじない政治家のもとで、国民一人ひとりはこの先何を信じて生きていったらよろしいか、ご返答しかとうけたまわりたい」

と舌鋒鋭く詰め寄った。

見る見る頼母木氏の顔は真っ赤になり、絶句して立ち上がった。見かねた秘書が前に出て、

「今回のところは、市当局が重々悪いからなんとかしなければと思っているので、私にまかせてください。これから一緒に教育局へ話にまいりましょう」

と市長をうながして、次の部屋へと連れていった。私はもうその秘書の言葉を信ずるほど甘くはなかった。

結局、山本勘助校長は各種学校を市に提供し、市の学校が現地に一校増設されることで、すでに話が全部ついているのであった。東京市は伏魔殿《ふくまでん》だという民間の批評の通りであることを、私ははっきり知った。

資材値上がりの中、校舎新築

思い出しても腹立たしいかぎりであり、これは永久に忘れることができない。戦後は民主主義が行きわたり、民意がある程度反映される世の中になって、むしろおおぜいの力で無理押しをしていると思えるような行き過ぎもないではないが、この昭和十年代のころは民間人をばかにして、平気で犠牲を負わせる横暴さや横車がまかり通っていたのである。

自らの学校の将来についての方針を立て直さなければならないほどの大問題であったが、この経験によって私は生きた社会学を学んだことになり、日本の政治のあり方についても懐疑的なま

なざしで見るようになっていった。

忍岡高女跡地への移転が実現できなくなったため、当時木造校舎建築としては最後の機会の許可を得て、隣接地の家作五棟六戸を多額の費用を使って取り払い、私にしてはまことに下手な計画を承知で、莫大な資金を投じての新築工事を行わねばならなくなった。

電車通りにある店舗に立ち退いてもらうには、まず表通りの向かい側に土地を見つけて購入し、そこに店と住まいを建て、高額の移転料を支払うのである。わずかな面積の土地を拡げるための非常な苦心と大きな経費に、芝江組の社長が、気の毒で見ていられないからこの仕事はやめましょうと、中途で手を引こうとしたこともあった。私は忍岡跡地の問題では心底から怒りに燃えていたので、芝江組社長にその真相をぶちまけたりもした。

「島田先生、やみ討ちけっこう。やみ討ちににあうといけない」

とこの社長からも言われたが、

「やみ討ちけっこう。そうすれば、新聞に出るでしょう。新聞記者が来たら、市のずるいやり方について、真相を話してやるつもりです」

と私は答えた。

新校舎の建築には惜しみなく資金をかけたのであるが、土地が細長くて狭いために映えなくて、水泡に帰した忍岡跡地のことをつい考え、寂しい思いであった。

そのころには、軍需産業以外、極度の資材不足の時代となっており、外観はタイルを張って立派に見えたが、耐久性のある堅牢な建築工事は、すでにできなくなっていたのである。

5　戦時体制の時代

大陸視察を決意

学校もひとまず外見が一段落して、職員も生徒も喜んでいたが、ただでさえむずかしい私学の経営をこのまま続けていくべきかどうか、困難な女子教育の道を精魂傾けて推進していくべきかどうか、じつのところ迷いが生じていた。しかし、これは、他人の意見を聞いて決断すべき問題ではないと思った。

折から、世の中は日ごとに変わってゆき、昭和十六（一九四一）年十二月八日にはついに太平洋戦争も始まり、わが軍の行くところ連戦連勝という大本営発表が続いていた。一方、昭和六年の満洲事変以後、日本は兵力をどしどし満洲へ投入して関東軍を強化し、農家の次男、三男を茨城県の内原訓練所で訓練した後、開拓民として満蒙の野に送り出す大陸政策をとっていた。五族協和、善隣友好の声も高らかで、一見国威も揚がったように見えるのだが、真相は実際に現地に行って、見てこなくてはわからないと思った。

そこで、私は、日本の政治の真の姿を知るため、また、ぐらついた自分の信念に決着をつけるために、昭和十七年六月、大陸視察にひとり旅立つ決心をしたのである。

釜山の老人の一言

太平洋戦争も緒戦の戦果は各地でめざましく、満洲における関東軍の勢力はまさに天をつくものがあって全土に君臨していたから、私のような日本人の単独旅行でも、なんの不安も感じないありがたさはあった。

最初に連絡船で朝鮮の釜山《プサン》に上陸した。大陸旅行に先立ち、釜山に古くから住む日本人に紹介されて会ったとき、私が一言で大陸というものを話してもらいたいと頼むと、「まず、関東軍の偉容のあるうちだけだね」とぽつりと答えたが、この意味深長な一言は、今も私の耳に深く残っている。あの老人は、満洲のうちにひそむ真の鼓動も、その後の日本がたどる道筋も、きっとわかっていたのであろう。私はその一言で大陸を旅する前の心がまえができたように思えた。

さて、明治四十三（一九一〇）年の併合後、日本は朝鮮を大陸への通り道として都合よく利用はしていたものの、朝鮮民族のための教育や施設などは皆無に近かった。たとえば日本国内でも大正十二（一九二三）年の関東大震災の際、流言飛語とは言いながら、「朝鮮人が井戸に毒を入れて回っている」という言葉を聞いて、ほんとうだと信じてしまう日本人が多かった。これで日本人が平素朝鮮人の心の友であり得たかどうか考えてしまったが、現地を見るとますます疑惑が濃くなっていった。

朝鮮の人たちは、幼少の者だけが学校で習わされた日本語を使っていた。中年以上の人は朝鮮語で話をしていたが、旅行者の私にさえ白い目を向けるのは、その底に流れる怨念《おんねん》というか、不気味なものを感じさせた。

教え子との再会

私は満鉄（南満洲鉄道）の誇る特急列車「あじあ」号に乗って満洲の奉天《ほうてん》（現在の瀋陽《しんよう》）に行き、さらに新京《しんきょう》（現在の長春《ちょうしゅん》）に向かった。

このころ、三井、三菱系などの会社に就職した卒業生の中には、満洲では内地の三倍の給料がもらえるからと言って、親の生活から弟妹の教育まで引き受けようと、遠い満洲の支店勤めを希望して行く者があった。満洲各地に散在するそのような卒業生が私を待っていてくれて、再会したときのうれしさは筆舌に尽くしがたいものがあった。

家庭の経済的事情で、低学年のとき中途退学した江波（新姓・井元）貞子さんにも新京で会った。この江波さんのことは思い出深い。江波さんは、

「先生、お金を貯めてもう一度この学校に戻ってきます。好きな勉強をここでしたい。そして卒業したい」

と泣きながら学校をやめ、親と満洲へ渡ったのであった。それが、その後何年か経って、思いがけなくほんとうに、ひとりで帰国したのである。東京駅に出迎えた私はその晩江波さんを自宅に泊め、翌日学校へ一緒に連れていった。

すでに、江波さんが在籍していたころとは違って、生徒の装いもセーラー服に変わっていた。教室の後ろにすわった彼女は、ちょうどお嫁に行った姉さんが妹の学校に授業参観に来ているよ

うだった。ただいちずに思い詰めて、遠い満洲から帰ってきたのにと、思わず目がしらが熱くなった。私は、彼女を勇気づけたり、彼女にいちばんふさわしい生き方を納得いくまで話してあげたりした。そして、私の家に滞在させ、しばらくの学校生活をさせてから、再び満洲へ帰したのである。それから間もなく、彼女は私の忠告通りに結婚し、幸福な家庭生活に入った。その江波さんが、私の大陸視察の報に、愛児を連れ感涙にむせんで、新京駅に出迎えてくれたのであった。

新京では、当時出征中の栗原一雄《くりはらかずお》氏（後に本学園法人事務局長）にも会った。南嶺《なんれい》の部隊に配属されていた氏は、私の連絡にたいへんな喜びようで、外出許可をもらって待ち受けていた。一日中、一緒に市内を歩き回ったが、話は尽きることがなかった。

旅順の戦跡に立って

新京から哈爾浜《ハルビン》、そして、一転南下して旅順《りょじゅん》へと私は旅を続けた。明治生まれの者にとって、日清、日露の戦役を物語る数々の話の中でも、とりわけこの旅順二〇三高地にまつわる話には、感慨深いものがある。

日露戦争（一九〇四〜〇五年）の勝敗を決したこの二〇三高地における戦いは、想像を絶する激戦であった。乃木希典《のぎまれすけ》将軍配下の兵士が敵の目にふれぬよう苦心惨憺《くしんさんたん》して山腹に掘り抜いた塹壕《ざんごう》を前進し、頂上の露軍の大砲にしがみついて腹を撃ちぬかれて死ぬような、凄惨《せいさん》な戦いであったという。ようやく兵士たちの屍《しかばね》の山積の中で二〇三高地は占領され、やがて旅順は日本軍の手に陥落した。そして、この戦果が日本海の海戦を勝利に導くことになったのだが、旅順を見下ろす二〇三高地に登って案内人の説明を聞きながら、とめどなく流れる涙に私は何枚ハンカチをぬらしたことであろう。私が立っているそこに骨をうずめた数知れぬ人びとを思い、このような多くの犠牲者、戦死者があったからこそ今日があるのだから、あとから生きる国民はおごり高ぶることなく、自分の置かれた立場において本分を尽くさなければいけないのだと私はしみじみ考えたのであった。

私は微力で労のみ多いけれど、結果を見通してうんぬんするより、戦さの庭のそこに立たされた兵のごとく、ただひたすら一生懸命にやることが人間のほんとうの生き方であると、私の心に命令する声を聞いたように感じた。

善隣友好とは名ばかり

旅順、大連《だいれん》から再び奉天に戻って、そこから万里の長城を越して華北（中国北部）に入ったが、天津《てんしん》の駅頭に朝ひとりで降り立ったとき、満洲とはまったく違うあたりの気配にいささか足がすくんでしまった。

この当時、それまでは内戦状態にあった中国国民党と中国共産党が「打倒日本」をめざしてひとつに結束しており、まさに日本は四面楚歌の状況にあったわけだが、そうした最頂点に達した反日感情を膚《はだ》でじかに感じる思いであった。

旅行前から、私は、日中戦争の発端の地とされた北京郊外の盧溝橋《ろこうきょう》をひと目見ておきたいと思っていた。それは、日中戦争の発端や経過についての日本政府や軍部の発表に、かねがね疑問を感じていたからであった。現地では、いろいろな人に憲兵の目と耳を気にしながら尋ねてみたが、後難を恐れてか、誰も「知らない」の一点ばりで、私の質問から逃げるだけであった。

華北から再び満洲に戻り、熱河道承徳《ねっかどうしょうとく》の有名なラマ寺（チベット仏教寺院）の見学を最後に一ヵ月近い大陸旅行を終えたが、この満洲と華北を歩いて痛感したことは、善隣友好とは名ばかりで、日本は真の意味での共存共栄の精神を忘れてしまっているということであった。中国人の国民感情をさかなでにし、自国の権益にのみ固執していたのではいつかは破綻をきたすし、大陸における日本民間人の繁栄も長続きするものではないと思った。

旅順二〇三高地（爾霊山）の慰霊塔

旅の先々で私に貴重な示唆を与えてくれた人々との一期一会のめぐりあい、なつかしい教え子たちとの再会、そして、やがて押し寄せる怒濤《どとう》の前ぶれともいえる緊迫感の中で確かめた大陸の実態。忍岡跡地問題で傷ついた私に、再び明日への意欲をよみがえらせてくれた、じつに忘れがたい思い出に満ちた旅であった。

運動場の拡張

私が大陸から帰った昭和十七年の夏は、統制経済の波が日ごとに広がり、地代家賃統制令によって物価高を抑え、ぽつぽつ企業整備が行われて、防空演習も本格的に始まっていた。

帰国早々、本校に不足している運動場の拡張新設を考えて周囲を物色していたが、電車通りの向かい側に空地が見つかったので、さっそく調べたところ、台湾の人の所有であることがわかった。神田のお住まいまで出向いてお尋ねしたところ、「売ることはできないが、高い地代で貸すならよい。しかし、今は地代家賃統制令が出ていて、普通より高い地代をとれば警察に捕まるからいやだ」との返事であった。

私はぜひ生徒の運動場にお願いしたいと平身低頭して頼み込んだところ、地代はこれこれだが、警察の承諾書をもらってこなければだめだとのことだった。

私は、取り締まる警察が規則を破って、高い地代でよいと言うはずはないと思った。しかし、これを承諾させなかったら運動場が広げられない。「よし、警察へ一心込めて頼んでみよう」と、本富士警察署長に面会を求めた。そのときの署長は、教育上のことと真に私の立場を理解してくれ、その高い地代を特別に許可し、押印してくれた。役所にもこのように話のわかる人もいたのである。臨機応変の処置こそ大切であって、私は今でもそのときのことをありがたかったと思っている。

本郷商業家政に動員令

昭和十九（一九四四）年を迎え、日ごと夜ごとに日本の情勢があやしくなっていったある日のこと、警視庁に出頭するようにとの軍需省からの命令があった。納得しかねたまま、指定された当日に警視庁に出頭したが、大講堂には都内の四百名近い各種学校の校長が呼び出されていた。やがて、いかめしい軍服姿の軍需省の係官が現われ、

「各種学校の生徒は、軍需工場へ動員することになった。ついては、校舎は軍需省が接収して、用意でき次第軍需工場として使用する」

と、威圧的な調子で一方的な通達をした。しかも、警視庁へ呼び出されて校長が不在の学校に軍需省の役人を派遣し、学籍簿から生徒の住所氏名を書き写していると言うのである。

そこで会場は騒然となり、中には立ち上がって、「それはあんまりだ。これまでにするための私らの苦労は……」と絶句して泣きだす男性の校長もあった。係官は話すだけ話し終わるとさっさと帰ってしまったが、校長たちはそのあともあちこちにかたまって、ぶつぶつと文句を言っていた。私はこんなところで議論をしていてもはじまらないと思ったので、すぐに学校へ戻ってきた。

それにしても、なぜ警視庁などへ呼び集めて命令を伝えたのか。結局、軍は権力をもって、国民を威圧し服従させようとしたのである。満洲、北支の旅行で日本の威圧的な大陸政策を見てき

たが、力のみをもって治めようとする政策は、その力の落ちないときだけだということを知らない、暴力にひとしいやり方であり、この陰に泣く人はおおぜいいたのである。

私は、帰校するとすぐに本郷商業家政女学校の生徒たちを集め、事情を話した。

「動員はやがて十佳の生徒にも及んでくると思うが、生徒である皆さんは将来を考えて、いかなるときでも工夫して学ぶ時間を持たなければならない。国民が無知であるとき国家の栄えはなく、個人の幸福も得られないのだ。動員を進んで受けようという者はともかく、もし資格学校である十佳へ編入したいと希望する者がいるなら便宜をはかろう。また、田舎のある者は疎開するように」

と話して、翌日思いきってひとりで大本営へ出向いた。

軍需省へ抗議

市ヶ谷の大本営に着いて係官に面会を求めたところ、応接間に通してくれた。私は相手の将校にさっそく用件を切りだした。

「この非常時ですから、生徒の勤労動員はけっこうです。しかし、資格学校の生徒に勉強を続けさせて、各種学校の生徒だけ働かせるような差別は納得できません。いずれ、資格学校の生徒や大学生も動員されるときが来ると私は考えていますから、本郷商業家政女学校の生徒に対する動員命令をあと回しにしていただければ、十佳の生徒と一緒に出せるようになると思います。陛下の赤子《せきし》に区別はないはずですから、そうしていただきたい」

と懇願したところ、その将校は思いもかけずあっさりと私の申し出を了解してくれた。そこで私は、本郷と十佳の両校が校舎を共用する部分のあることを説明し、このたびの軍需省の各種学校校舎接収方針に対してどうすればよいか指示をあおいだ。すると、

「その問題は、当方よりも軍需省に行って直接話をしてください。係官を紹介しましょう」

と言って名刺を書いてくれたので、その足で私は軍需省へ出かけていった。

係官がふたり出てきたので、動員計画が納得できないこと、校舎の接収には応じられないことを申し述べたところ、威丈高《いたけだか》になった係官は、

「各種学校のくせになんだ。資格学校なら許してやるが」

と言って聞き入れるどころではない。それに対して私が、

「では、本郷商業家政の生徒は、資格学校である十佳に全員編入させましょう」

と言いきると、

「それなら、校舎は各種学校のものだから取り上げる」

と言う。すかさず私は、

「校舎は、昼間は各種学校の校舎として東京府知事の許可を受けていますが、夜間は資格学校である十佳女子高等職業学校第二本科の生徒が使用する建物として、文部大臣の許可を受けているのです」

と言って、用意してきた書類を見せた。係官はまっ赤になって怒りだし、私をキッとにらみつ

けて、
「今度だけは負けておいてやろう。しかし、この次からはそうはいかないぞ」
と捨てぜりふを残して、革長靴の足音も荒く奥へ消えて行った。

空襲の心配

そのころ、南方の戦線は日に日に悪化してきて、防空演習の命令だけでなく、家屋の下に防空壕を造るようにとの命令も出され、区や警察がその指導に当たっていた。

日清、日露の大戦でも、日本の軍隊は国外へ出動はしたものの、本土に敵が上陸したことはなかった。かの元寇《げんこう》（文永《ぶんえい》・弘安《こうあん》の役《えき》）のときにも、いわゆる神風が吹いて、蒙古の軍船はことごとく沈められ、日本の本土へは上陸できなかった。神国は侵されない、多くの日本人はそう信じ込まされてきていた。

だが、航空機時代に入り、自由に飛べる空から敵機が来ないと誰も断言できなくなった。軍の中にも、たとえば宇垣一成《うがきかずしげ》陸軍大将のように、軍艦よりも飛行機のほうが重要だという信念を持って、当局に進言した人もあったと聞いた。戦局が逆転してくると、いまだ経験したことのない空襲に備えて、防空壕の心配をしなければならぬ状態になった。

私の心配は生徒の命である。よほど大きな防空壕でなければ、ひとり残らず生徒を入れることはできない。大きな防空壕を造るためには、建物自体に手を加えなければならない。そこで、中央校舎一階の床を全部ふかし上げて、その下にかなり深い防空壕を造る決意をし、大工に相談した。すると、東京ではもう木材を売っているところがないから豊橋の問屋に行って相談してみようと思うが、普通の木材では取り押さえられてしまうので、柱材、梁材とも加工して持ち込まなければならないということであった。さっそく金を渡して買い付けに出した。

世の中は一変して、何ごとも自由にできない時代になっていたが、それだけでなく在校生徒も上級学年から次第に徴用されて軍需工場で働かされる時代になっていた。

私は、日本の将来を背負ってもらわねばならない若い人たちが、大切な時期に勉強を捨てて、工場にかり出されていく姿を悲しく見送った。

桜材の床板

待ちに待った木材が赤羽駅に着いたという知らせを受けたときはうれしかった。すぐに受け取りに行ったところ、柱材や梁材の加工したものだけで、板材はうわさ通り全部豊橋駅で押さえられ、没収されてしまっていた。大損害だったが、それでもとにかく急いで工事に取りかかってもらった。

校舎一棟をふかし上げるので、たいへんな騒ぎであった。階下は小さい講堂で隣は割烹《かっぽう》実習室、二階は教室という幅広い建物なので、大工事になってしまった。着工前には思いもかけなかった電灯引き込み線や水道・ガスに至るまで全部撤去せざるを得ず、見積予算外の経費がつぎつぎに出てきても、乗りかかった舟でしかたがなかった。

校舎も、天井の板と床板を張れば、立派に完成すると思われるまで仕上がった。この工事を急がせてここまで来たのだから、あとは板材を東京でどうやって見つけるか思案にくれていた私のところへ、追分町の吉田さんの奥さんが訪ねてこられたのである。

吉田さんのご主人は小学校時代に私と同学年で、その後、氏神様根津神社の神主を務められた。私とは顔なじみであったが、奥さんの来訪は何ごとかと思ってお会いしたところ、それが思わぬ朗報であった。

「自分の実家は木型屋《きがたや》であるが、企業整備で、注文を受けた仕事もできなくなっていよいよ廃業するのだけれど、木型にする桜の木の角材が山ほどあるのを買っていただけないか。校長先生は普請好きで、今みんなが田舎へ逃げる心配をしているというのに、学校では大きな普請をしておられるようだから、ぜひ買ってください」

というではないか。

私は喜んだ。根津神社へよくお参りするから神のご加護であろうと、さっそく大工を呼んで相談したところ、桜の角材を製材屋に持っていって挽《ひ》かせたものを張れば、上等ではあるけれど、普通の板を張るより三倍以上も手間がかかる。溝を造ってはめ込んでいかなければならないからだとのことであった。私は、この期に及んで引っ込めないからと、先方の言い値通りに桜材を買ったのであった。

桜講堂

講堂床下に束《つか》をたくさん立ててじょうぶにし、ところどころに人間がもぐれる穴と階段を設けて壕に通じさせたが、穴にはふたを掛けたので、ふだんはふつうの講堂として使用できた。桜材の見事な床を張ったので名称を「桜講堂」と名付けた。昭和十九年三月のことである。

生徒は喜んで一生懸命に床を磨いてくれたので、ピカピカに光ってじつにきれいな講堂になった。ときどき時間を見はからっては、警察の指示通り生徒を床下の壕に出入りさせる訓練をくり返した。これならいざという場合も大丈夫だろうと、ほっとしたのもつかの間の同年十一月一日の真昼間、アメリカの超重爆撃機B29がはじめて帝都の空高く、飛行機雲を引いて飛びぬけたのである。太平洋戦争開戦後間もない昭和十七年四月十八日にも、空母から飛び立った米軍機B25の数機編隊が突如東京の上空に侵入して、われわれの度肝をぬいたが、その時は散発的に荒川方面に爆弾を落としただけで中国大陸に逃げて、事は終わっていた。

空襲警報により生徒たちをすぐに防空壕へ入れ、私はひとりで門のところに出て、高空をゆうゆうと飛行するB29を見上げていた。そして、考えた。あのB29は偵察飛行をしているのであろうが、あれを下から撃ち墜とすことができないでいるのなら、第二、第三のB29が飛んでくるであろう。もしも話に聞いている爆弾や焼夷弾《しょういだん》を落とされたら、まず建物はこっぱみじんであろう。そして、大火災となる。そうしたら、あんなに苦心して警察の指示通り中央校舎の下に造った防空壕にも火の雨が降って、中の生徒は逃げ出せないだろう。警報と同時に床下にもぐり込んだ生徒にそのようなことが起こったら、それこそ地獄図となろう。人の子を預かる身として、これで安閑としてはいられない。あの防空壕は、正直のところ失敗であった。それでは、私はどうすればよいのか。

大防空壕建設へ

私は、生徒一同を集めて次のような話をした。

「日米の戦いは、容易なことでは終わらない。あのB29が撃ち墜とせないようなら東京はまず危ういと思うし、また、いちばんねらわれるとも思えるので、田舎に親戚のある人は疎開してそちらの学校へ転校したほうがよい。せっかく苦心して造った校舎内防空壕であるけれど、私の観測では、これは実際の空襲では役に立たない。役に立つ防空壕があるとすれば、それは、井戸掘り職人にでも頼んで地下二十尺（約六メートル）は掘ってトンネル式にしなければだめだ。二十尺ならば爆弾が落ちても下までは届かず、命の安全度が違うはずである。だが、井戸掘り職人に頼めるかどうか、明日から私は奔走を開始しよう。これは穴掘りから始めるので、土を運び出す作業が必要である。そこで、東京に残って、この防空壕の世話になる人は、使いふるしでよいからバケツをひとつずつ家庭からもらってきてほしい」

と生徒たちに呼びかけた。

父兄も喜んでくれたようで、ひとり残らず生徒がバケツを持って登校してきた。

そのころは軍需工場への徴用が激しくなって、個人では職人も頼めない状況だったので、私は思いきって区役所へ頼みにいったところ、快く世話をしてくれた上、

「そんなに大きな壕なら土留めの板や角材が必要だろうから、強制疎開（爆撃による火災の延焼を防ぐため、民家を強制的に間引いて取り壊したこと）で壊した木材をあげましょう」

と親切に言ってくれた。

陣頭指揮で作業

こうして職人も木材もそろったが、掘り出した土のやり場に困って、考えたあげくに裏門にほど近い東片町の一角にあった約百坪（約三三〇平方メートル）の土地に運んで捨てることになり、生徒を一列に並ばせてバケツリレーで作業を行うことになった。

本郷通りに面する表校舎の通用門を入ってすぐの場所から中央校舎の下をずっと掘りぬいて、東片町の校舎南側通路の真下まで、深さ七メートル、延長一〇〇メートルのトンネル式防空壕の大工事がこうして始まった。前後の入口には階段をつけたが、あまりに深いので途中に踊り場もつくった。トンネルの中ほどに通気用の縦穴を二ヵ所設けて、万一の場合は縄ばしごでそこから地上に逃げ出せるようにし、壕内にはずっと電灯もつけた。まずは本郷区でいちばん大きく、安全といわれる本格的なものを造ったのである。

私はこの作業ではモンペ姿で陣頭に立って土運びの指揮をとり、生徒たちが疲れないうちに交替させるとか、虚弱者はそれに適する仕事に回すとかはからった。空襲の心配をしながら一刻も早く完成させようと毎日必死に働いているうちに、その過労から私自身がついに病気を引き起こしてしまったのである。二十七歳のときに胸を患ったことのある私は、元来あまりじょうぶな体質ではなかった。配給の粗末なとぼしい食糧で、土を相手の肉体労働に無理を重ね、ついに再発してしまったのであった。

しかし、医師の言う通りの静養など、この非常時にできるはずはなかった。ようやく完成した防空壕には、空襲警報が鳴ると生徒が安心して入った。夜の警報のときは、近所の人たちが「学校の防空壕は安全だから」と入りにきた。多くの人々から喜んでもらい、身体を損ねて骨を折った甲斐があったというものであった。

そのうちに、父兄の有志たちが、「生徒のために、こんなに莫大な費用を校長にだけ出させてはすまない」と言って、父兄の間を回ってお金を集めてくださったが、大正十三年に学校を開いて以来この時はじめて、入学金や授業料以外のお金を父兄から出していただく経験をした。

遺言状を書く

そのころ、警視庁から、夜間に空襲があって校舎に焼夷弾が落ちたときに、おおぜいの消し手が必要になるから、数名の職員を交替で宿直させるようにと命令があった。ところが、夜間にサイレンが鳴ると、当然ながら職員は気もそぞろに自宅の方角の空ばかり見ているのである。気の毒になってついに私は職員の宿直を断り、毎晩自分ひとりで夜警をすることにしてしまった。

　そのような状況の中で私が考えたことは、校舎が焼け落ちて私の命がある場合と、校舎が焼け残って私の命がなくなる場合と、その両方に備えておかなくてはならないということであった。前者の場合は生徒の命を守ればよい。だが、後者の場合はどうしたらよいか。やはり、いつ私がいなくなっても、あとの人が困ることがないだけの手段を講じておかなければならない。

　さっそく私は遺言状をしたためた。

「私立学校の経営は非常にむずかしく、教員の資格を持つ者なら誰でもやれるというものではない。ことに、完成していない設備と、現在の自分の社会的信用度を考え、私の死んだ後は校地・校舎の不動産を全部政府に差し上げるから、そのかわりに残る職員、生徒が困らないように善処してもらいたい」

　と島田依史子一代を終わる決意をして、整理にとりかかったのである。

　私は、かつて小西新兵衛氏から土地を購入した際に十五年年賦で借りた日本勧業銀行の借金を全部返してしまおうと考えて、空襲下に本店へ出かけていった。これまで、土地購入や新校舎建築のために、この銀行からたびたび金を借りていたが、いずれも期限前に返していたので銀行の信用は厚かった。しかし、そのころは空襲下でもあったので、期限前のものを返しに来る人はいなかったらしく、銀行員はびっくりして、「返されても担保を抹消するのに必要な書類を疎開させてあるので……」と言う。私は、「仮受取書でいいから」と言って済ませたところ、「あなたの信用はAクラスの甲上です。今どきそんな人はいませんよ」と言われた。

時を経て、戦後のむずかしい金融事情下に、借金のため第一勧銀（旧日本勧銀）を訪れたときに、戦争当時のこのことを覚えていてくださった方がいて、やはり信用というものは自ら築いていく以外にはないとつくづく思ったものである。

焼け出された人々

さて、私はそれから本郷区役所や本富士警察署にお礼の挨拶に回った。また、折からの空襲で氏神様の根津神社も一部に被害を受けたので、復興寄金を集めるにあたり、私がもし死んでしまっていたらいけないからと三千円を寄進した。島田家の菩提所である下谷の永稱寺《えいしょうじ》へも永代お経料を差し上げ、何もかも片付いたのでほっとした気持ちになった。

焼け出された人たちも学校の防空壕に避難してきたが、「割烹室にある調理道具をいただけませんか」と聞かれて、「ええ、なんでもお入り用のものは持っていってください」と次々に差し上げているうちに、最後には欠けた七輪だけになってしまった。私が門のそばに立っていると、その七輪を持って出てきた女の人が、「もうこれしか残っていませんでした。でも、これをちょうだいして大助かりです」と言って去っていった。そのとき、米俵ほどもある大きなリュックサックを背負った背の高い男の人が近づいてきて、丁寧に頭を下げ、

「先生、この学校はどんなことがあっても焼けません。みんなが先生にあんなに感謝して帰って

いく。その気持ちだけでも、校舎は必ず守られますよ」

と言って立ち去った。この人の予言通りに、校舎は奇跡的に焼け残った。どこのどなたとも知れぬこの人は、もしかしたら宗教家かもしれないなどと回想しているのだが、もしあの戦禍を無事生きのびておられるのなら、ぜひ今一度お会いしたいものだと思う。

本郷追分バス停前に、「遠近《とおちか》」という甘味屋さんがある。このお宅の方々も三月十日夜の大空襲で現在地の筋向いを入ったところにあったお店を焼かれてしまい、本校に一時避難してこられたことがある。戦後十何年もの長い間、毎年この日になると必ずお赤飯を持ってその時のお礼に来られた。焼け出された、あのときいただいたおにぎりのお礼というのだが、私はいつも恐縮するとともに、その義理堅さに深く感激をしたものだった。

生徒たちの疎開

昭和二十（一九四五）年になってからの空襲の激しさは、経験しない者には想像もつかないであろう。さながら生き地獄の生活であった。家を焼かれ、やむなく郷里へ引きあげても、証明書を持っていかないため疎開先の学校へも入れないので、生徒の親たちが防空頭巾《ずきん》にモンペ姿で、殺人的な満員電車にゆられてまた上京してくるのである。そして、あちらの証明、こちらの証明と、区へ行って、警察へ行って、町会へ行って、学校へ行ってと、十枚近い用紙に印をもらわなくてはならない。学校の事務所もこのために多忙をきわめ、てんてこまいであった。私は、日本のハンコ行政のばからしさに舌打ちしたが、どうしようもなかった。

私はもはや欲を解脱《げだつ》したような気持ちで、相変わらずひとりで万年宿直を続けていた。しかし、ヘトヘトに疲れてしまい、食糧もなく、やせ衰えて、医者からも疎開しなさいと言われ続けたが、がんばるよりほかはなかった。

昭和二十年四月の夜中の空襲の折には、校舎の屋上から二階を突き抜けて、階下の地中深くまで落下した焼夷弾の大きな弾頭のために校舎に大穴をあけられてしまった。焼夷弾そのものは頭上を越えて北側に飛び散って燃え広がったが、朝方風向きが変わり、校舎はついに焼け落ちることなく残ったのである。

職員室の天井から空が見える

その空襲は、三月十日に次ぐ二度目の激しいものであった。爆音、轟音のとどろく中、防空壕から様子を見に出てきた私は、アッと驚いた。夜空はちょうどパノラマを見るようで、サーチライトの光が交錯し、高射砲弾の炸裂《さくれつ》する中を、敵機は低空で自由に飛びながら焼夷弾をばらまく。それが、大音響とともに、火を噴きながら、文字通り雨あられのように降ってくるのだ。こもの恐ろしい光景に、身の危険を感じて再び壕へ入ったとたん、ドッカーン、バラバラというものすごい音がして地面が振動した。今度こそ校舎に爆弾が落ちたに違いないと、思わず目をつむった。

終戦も間近いころの卒業記念写真。ガラス窓には爆風よけの紙テープ、先生方はゲートルにモンペ姿（昭和20年3月）

少し鎮まってから壕を出て、職員室に入ってみたところ、その天井に大穴があき、さらに見ると、二階を通り抜けて屋根にも大きな穴があいて、赤々と燃える夜空が見えた。しかし、建物は燃えてはいないようだった。爆弾らしきものが職員室の床板を貫いて、地底に食い込んでいるではないか。私は夜の明けるのを待って警察や町の警防団の人に頼み、大騒ぎをして掘ってみたら、爆弾ではなく、それは小型焼夷弾三十六個をたばねた上につけてある巨大な弾頭であった。

火は、肴町《さかなまち》、蓬莱町《ほうらいちょう》、追分町（いずれも現在の向丘）と燃えてきて、北のほうから飛んでくる火の粉で目も開けていられないので、タオルを濡らして目にあてながら、そのうちにこの校舎まで来るであろうと観念していた。ところが、追分町の東側のほうは燃え広がったものの、学校の運動場に借りていた空地のおかげで延焼は食い止められたのである。家数にして三、四軒向こうで火が止まるとは思っていなかったし、校舎が焼け残ったのはまったく奇跡としか言いようがなかった。

そのあと、国の内外ともに悲惨な状況が続き、八月には広島、長崎に原子爆弾が落ちて敗色は決定的となり、そのころには東京じゅうは焼け野原となってしまっていた。

6　戦後混乱の時代

毎晩のようにどろぼうが

ついに八月十五日、わが国は敗戦を迎えた。負けたことのない日本の国がと思うと、誰でも一度はぽかんと虚脱状態になったのは当然だが、私のそれはひどかった。張り詰めた気持ちが一度にゆるんで何もかもがいやになり、身体は栄養失調でやせ細り、三四キロそこそこの体重になってふらふらしていた。

たまたま、買い物をしていたとき、昔の卒業生に声をかけられて、

「さっきから、校長先生じゃないかしらとあとをつけてきたのだけれど、あまりの変わりように自信がなく、先生がどこかで声を出せばその声で判断しようと思っていたんです。先生、どうなさったんですか」

と言われたこともあった。

路面電車に乗る場合も立っていられず、しゃがみ込んで待つほどであった。

学校の復興を考えたいと思っても、毎晩のように校舎にはどろぼうが入った。まず窓ガラスが抜かれ、次に机の上板がはがされ、建具がさらわれ、電灯のコードが天井から切り取られ、ついには水道の鉛管まで掘り起こして持っていかれるありさまであった。

戦後の極度の混乱と物不足で人の心もすさみ、自分たちの仮の家を建てる材料は学校に行けばなんでもあるとばかり、裏に積んであった木材も気がついたときにはあらかた持ち去られてしま

っていた。

学校の中に住んでいるので、どろぼうに殺されたらたいへんだと心配してくれる人もあったほど、百鬼夜行《ひゃっきやぎょう》の状態が続いた。当時は警察も、まったくお手あげの状態だったのである。

莫大な財産税

さて、学校をどうするかということは私の夢にも忘れ得ぬところであるが、じつは昭和六年に十佳女子高等職業学校を認可されたとき、財団法人を設置することは命じられていなかったので、それまで個人の力によってふたつの学校の経営を許されていた。しかし、資格学校の個人設置は、私が認可をもらったあとは許されなくなったと伝え聞いていた。

戦後になって、政府は預金封鎖、新円発行に続いて、個人に対しては巨額の財産税をかけてきた。私はこれまで島田家の不動産を担保にしては金を動かしていたのだが、その学校を私有財産とみなされて、莫大な財産税をかけられてしまった。金で払えなければ物納になる。やってきた役人は、

「物納希望ならば、焼け残った校舎がよい。税務署の役人も焼け出された者が多く、遠くから通うのに不便だから、この焼け残った校舎を税務署員の寮にしよう」

と私の面前で遠慮もなく言う。それを聞いて、私の肚《はら》は決まった。

この際、校舎以外の島田家の財産は、税務署に提供しよう。とにかく、卒業生に母校をなくさ

せては申しわけないし、ほんの少人数だが残って何も知らずに勉強している在校生たちに対しても責任がある。

私はヘトヘトになった身体を引きずって、竹橋を渡り近衛師団跡の焼け残っていた大蔵省の仮庁舎を訪ねていった。現在、東京国立近代美術館へ通ずるあの竹橋の上で、私は疲労のため動けなくなってしまったが、しばしたたずんでから再び勇を鼓して歩いていった。

大蔵省の責任ある立場の人に面会して話をし、「とにかく何も知らぬ生徒たちを驚かすことにもなるので、校舎を取り上げることだけはやめていただきたい。その埋め合わせは他の財産であるから」と言って、やっと承諾してもらったのである。

こうして、私は島田家の多くの財産を失った。校舎の中は備品も教具もなくなり、空襲で大穴をあけられたままの屋根からは雨が降り込み、校舎の中を傘さして歩くほどのみじめな状態であった。

屋根が飛ばされる

こんなわけで、表校舎の屋根を修理することが先決であったので、戦時中に海軍の仕事をしていたという請負師に頼んでやっと材料を手に入れ、百五十余坪（約五〇〇平方メートル）の屋上に小屋組みをして、トタン葺《ぶき》ですっかり屋根をかけなおした。

東京中のバラック（簡易住宅）はほとんどトントン葺（ごく薄い杉板を並べてくぎを打っただけの仮

の屋根）であったこの時代に、大金を投じてようやく屋根が完成したが、屋上にちょうど屋根を張りめぐらした形になったため、屋上運動場としては使用できなくなり、内側は広い物置きになってしまった。

ところが、それから何ヵ月も経たない昭和二十一年四月二十九日の朝、突如起こった突風のため、この屋根の大半は根こそぎ吹き飛ばされてしまったのである。この日はもともと天長節（現在の天皇誕生日）であり、生徒を登校させて式を行うのが通例なのだが、この年は連合国総司令部（ＧＨＱ）から指示もなく扱いが不明であったので、たまたま休日にしたのである。それがまさに天の助けであった。

当日朝八時三十分ごろ、にわかに突風が起こって、あちらこちらの家の屋根瓦が吹き飛ばされた。学校のトタン葺の大屋根にも激しい風が吹きつけて、屋根をゆさぶり、持ち上げ、ついに屋根は大きな音をたてて三つに裂け、道路の三方に大音響とともに落下したのである。

まことに恐ろしい一瞬の出来事であったが、私はその被害よりも、その日が休校で生徒がいなかったことに胸をなでおろした。その日にもしも登校させていたら、落ちたところが通学路で、時間もちょうど通学時間であったから、死人が出たか、けが人が出たかわからない。身ぶるいをするほどの恐ろしい出来事であった。私は、思わず合掌してしまった。

経済的に苦しい最中なのに、その片付けと修繕にまたまた大金がかかり、財政はいよいよ苦しくなった。

日根野秀雄氏に一任して静養

疎開から帰ってくる生徒は母校へ戻るより道がないので、学校を一時閉鎖するわけにはいかない。かと言って、身体の回復の思わしくない私が、学校を離れて養生専一にすることもできない日が続いていた。しかし、私の弱り果てた身体では陣頭指揮をすることもできなくなってしまい、昭和十年から本校に教えに来ておられた日根野秀雄《ひねのひでお》氏に校長代理をお願いして、ついに静養に引っ込む決心をした。日根野氏は、昼間は帝大の事務局に勤め、夜だけ十佳の第二本科で主任として教鞭をとられていたのであった。昭和二十一年のことである。

この先、学校を復興させるためには、新しい観点に立って、もっと大がかりにやらなければならないが、そうなれば創立当時よりさらに骨が折れるに違いない。その苦労をあえてして、私立学校を経営していく能力が自分にあるのかどうか疑問であった。私はいったん日根野氏におまかせして身体を休め、自分はこの際よくよく考えてみようと思った。そう決断して、それまで学校内部にあった私の住まいを、はじめて他に移した。

私は家で静養していたが、そのかたわら、身体の許せる範囲で語学の勉強をしてみようと思った。それは、そのうちに世界中を見て歩いて、自分の目で真実を確かめたいと思ったからである。そして、ひそかに明治大学で開かれていた、アメリカ帰りの気鋭の教授による英会話研究会に通ったのであった。

昼間出かける際にはしっかり戸締まりをし、雨戸まで締めて門の鍵をかけて出ていく。あとでさとったことであるが、これでは「家じゅう留守でございます」の張り紙をするのも同じことで、当時、しょっちゅうその被害を新聞に報じられていた空き巣にとうとうやられてしまった。見事に、たんす二棹《ふたさお》を空っぽにされたのである。

複数の、よほど手なれたどろぼうらしく、戸棚の行李《こうり》から小箱にいたるまで家じゅうあらゆるところがひっくり返されていた。どこかに現金があるだろうと考えて丹念に探したのか、金庫もこじあけられており、本も書類も足の踏み場のないほど散乱していた。現金は一銭も置いてなかったので金の被害はなかったが、着物は悪いものだけ残してそっくり持っていかれた。どういうわけか、紋付きの羽織と帯がほんの少し残っていた。

盗難の教訓

その日、学校から帰ってこれを知った息子の和幸が、明治大学まで飛んできて、

「たいへんだ。家にどろぼうが入って、みんな持ってってしまったよ」

と知らせてくれたが、続けて、「でも、昼間の留守中でよかったね」と言う。「どうして」と私が聞くと、

「夜だったら、入ってきた強盗にお母さんは平気でお説教するだろう。『人のものを取ったりしても、人生なんの得にもなりませんよ。まじめに働いてこそ、正直のこうべに神宿るのです』な

んでいつもの口癖が始まるに違いない。そんなことを言ったら殺されてしまう。昼間の空き巣ねらいで、まだよかったよ」

と言われ、私は思わず苦笑してしまった。

当時は、戦争直後の食糧も品物もすべて極度に不足していた時代で、よい着物は貴重品であり、これを食べ物に替える人も多かった。

空き巣に何もかも持って行かれて、私は外出着に困った。浅草観音の裏で古着を売っていると聞いたので出かけていった。もちろん、盗まれた着物がありはしないかという未練も残っていた。思えばばかばかしい話で、プロのどろぼうがそんなすぐ足のつくようなまねをするはずがない。

ふと盗まれた品物を考えると、紋付きは足がつきやすいから残したにしても、帯も残したのは当初不思議でしようがなかった。しかし、あとで聞くところによると、帯は女の執念が巻きついていて捕まりやすいと、プロのどろぼうはきらうのだという。つまり、あの帯は私の命であると考えてよかった。

観音様にお参りしているうちに、私ははっと気がついた。

「これだけ残してやったのに、まだおまえは仕事がつらいとか、いやだとか言っているのか。東京じゅう、いや国じゅうで家が焼け、おおぜい命を落としているというのに、おまえはぜいたくな気持ちを持ってはいかん」

と神様が自分に目ざめさせてくださったのではないか。私は、命が助かったら、働くのが当然、と言われているのだと、このとき悟った。あの、和幸の言葉を思い合わせて、私は神の啓示のようなものを感じた。

学校に戻る

私は、元来和服が好きであった。しかし、和服は小物がたくさん必要で不経済なため、これからは労働服にしようと、浅草の店ででき合いの黒っぽい洋服を買った。似合わなくても、これからは心を入れかえて、この労働服でと決めて家に帰った。この古洋服をよくよく見たら、なんとその生地はカーキ色の兵隊服の生地を黒に染めたものであり、なにやらやわらかい白の生地は、お葬式で骨壺を包むのに使う布地で、特別の模様が浮き出ていた。

活動しやすい洋服姿で再建にいどむ

骨壺用の布地とは、作る人も売る人も、もののないときの工夫と苦心のうまいことにむしろ頭が下がった。ところで、一度骨壺用の風呂敷に包まれたのだから、死ぬ気でやってみようかと思ったとたん、丸くかがめていた背中の骨がぴんと伸びたように感じた。

するとある日、日根野氏が訪ねてきて、

「私は、千葉の流山に新設の公立中学校長の口がかかったのを機会に、そちらに行こうと思います。なにしろ、おおぜいの家族を抱えているので、東京では野菜すら口にじゅうぶん入らないが、千葉に行けば畑も作ってなんとかやっていけると思うのです。島田校長先生じきじきに陣頭指揮をとってもらえば、必ず学校も復興すると思うから、この際戻ってきてください。職員一同もそれを望んでいますから」

と言われた。

日根野氏も、約一年間、ずいぶんと苦労をしてくれたのである。私もいろいろと考えたが、他に良策もなく、このころは身体もかなり回復してきていたので、日根野氏の去った昭和二十二年春から再び学校に戻ったのであった。

財団法人文京学園の設置

昭和二十年から二十二年にかけては、私立学校にとって最もひどい受難期であった。

空襲で焼けなかった学校でも、それ相当の被害を受けて気息奄々《きそくえんえん》であったが、焼け出された学校はなおさらたいへんで、仮校舎を建てたり、よその学校の教室を借りたりするなどして復興を図った。

しかし、学制改革による六三制の実施と、公立の新制中学校が体制を整えるまで私立の生徒募集は遠慮するようにとの役所の通達は、これにさらに追い討ちをかけた。校名が同じで表からはわからなくても経営者が入れ替わっていたり、前途に見込みがつかなくなって廃校に追い込まれたりした私立学校が、この時期にはたくさんあった。

本校においても、校舎の修理に費用がかかるだけでなく、空襲で焼け出されて学校に避難してきた人たちに炊事道具などみんな持たせてあげたので、割烹室などもガラガラであった。焼けてしまうぐらいならと思い、そして、人が喜んでくれたのだからそれでいいじゃないかと自分に言い聞かせるのだが、いざ戦後にそれを新しく買うとなるとたいへんなことであった。

当分の間、品物はお金では買えず、物々交換であったが、インフレ傾向はいっそう強まり、戦前ならたいへんな価値のあった一万円があっという間になくなってしまう物価高となった。何の用意もしていなかった私としては、じっとしているより仕方がなかったけれど、学校の命を存続させることだけはなにがなんでもやりぬくぞと覚悟を決めていた。

そこで、昭和二十二年に新学制になると、さっそく新しい区名を採って「文京学園中学部」を開設、同年六月に民法第三十四条により文部省から財団法人文京学園設置の認可を受け、私が理事長になった。

学校は存続しているものの、がら空きなので、一時期、裏の第三校舎をある洋裁学校の経営者に貸したが、その時期はアメリカ式の新感覚の洋裁が全国的にブームとなっていた。

学校法人に改める

その後、新学制の進行とともに、愛着尽きない十佳女子高等職業学校を新制度の文京学園女子高等学校（普通科、家庭科、後に商業科）に改めなくてはならないこともあり、昭和二十三年三月にその認可を受けた。しかし、中学校を卒業すると高校には進まず勤めに行ってしまう者がほとんどで、学校はがらんとした状態であった。

私は公立中学校の第一回卒業生が出る昭和二十五年を、わが校の運命の境目と決めた。すべてそのときにかけ、いっさいの積極策をとらず、維持するだけにとどめていた。そのうち、それまでの本校の内容を知っている卒業生の妹や、知人に紹介されたという者が次第に本校の高校へ入りたいと言ってくるようになってきた。

昭和二十五年、公立中学校の第一回卒業生が出たが、それら新制中学校長の大半はかつて小学校訓導として長く教育界にあった人たちで、私のことをよく知っていてくださる方々であった。

台東区立福井中学校長の柿沼良平《かきぬまりょうへい》先生もそのひとりだったが、これらの先生方が、新卒中学生に「追分の島田先生の学校に行きなさい」と親切に勧めてくださったので、年を経るにしたがって入学者が増えていった。そう見込んでいただいたからには、期待に応えねばと私は奮起した。そして、昭和二十六年三月七日、文字通り私財のすべてを寄付し、組織を変更して学校法人文京学園と改め、一大決心のもとに発展策を練っていった。

7　学園再建の時代

私学振興会の発足

昭和二十一年、二十二年のひどい衰微期を経験して、状況が悪いとなると職員もひとり去り、ふたり去りで、残ったのは華道と作法を教えられた平田禎子《ひらたていこ》先生と、復員してきた栗原一雄氏、生物の講師の三村卓雄《みむらたくお》先生（東京水産大学名誉教授、後に文京女子短期大学副学長）だけで、「落ちぶれて　そでに涙のかかるとき人の心の奥ぞ知らるる」とは、けだし至言であると知った。

この先生方を中心に学校を運営していきたいと考えて、学校法人を組織するときに栗原、三村両先生を理事に加え、平田先生を評議員とした。したがって、本校の二度目の振りだしは昭和二十六年であり、それ以後、学校の発展にしたがって先生方を順次新しく迎えていくのである。昭和二十六年には中学・高校あわせた生徒は四百九十一名になって、やや活気を取り戻してきた。

昭和二十七年になって、私学の理事長を集めて説明会があった。

「このたび、私立学校振興会が発足した。私学は復興したくても銀行がいやがって金を出さないであろうから、これからは振興会が私学を援助したいが、今年発足したばかりなので、とりあえず一年間で借金を返済できる学校に限って融資の申し込みを受け付ける」

と常任理事の高木三郎《たかぎさぶろう》氏から説明があった。聞いている理事長たちからは、

「私学を知らなすぎる。借金が一年やそこいらで返せるものか」

と口々に言う人が多かった。私はそれを聞いて、

「いよいよ政府が私学の困窮状態を知って、救済策を考えてくれたようでありがたいことだ。他の学校はあのように言っているので、きっと借り手は少ないだろう。申し込めば、私の過去まで徹底的に信用調査をするであろうが、私には自信がある。ばか堅いほどの堅実第一の経営をしてきたのだから、一年できちんと返して信用をさらに積み重ねることもできる。好機逸すべからず」

と考えて、すぐに資金の借り入れを申し込んだのである。

このご縁で、それ以後毎年、私立学校振興会（後に日本私立学校振興・共済事業団）にご援助いただいているが、長期低利の借りよい制度なので、やがて全国私立学校の救いの神としてほとんどの学校が恩恵を受けていくのである。

積極策への転換

私学振興会の方といろいろお話ししたところ、私の過去のやり方をたいへん信用してくださるようになった。また一方、戦争中、いつ死んでもいいようにと空襲のさなかに私が日本勧業銀行へ借金を全額返済に行って以来、勧銀でも特別に信用をしてくれて、戦後の屋根の修理工事の際にも、自分のところは融資不能ということで日本長期信用銀行を紹介してくれた。長銀は、わが国の戦後の復興を期して、貿易その他の諸産業の成長を促進させるために設立された特殊な性格を持つ銀行であり、一私学への融資など異例のことなのであった。

このように過去の信用が生きる状態になれば、考え直さなければならない。私を信じて荒れ果てた校舎に集まってくる生徒とその親の信頼に応えなくては申しわけないと思って、私はようやく積極策を採ることにしたのである。しかし、将来、広い範囲からの生徒募集を考えたとき、学園発祥の地・追分町は東大に近い文教地域としての環境はよいとしても、通学には不便であり、どうしても輸送力の大きい国電の駅近くに移転したいという希望は私の頭を去らないのであった。

それが実現できるようになるまでは、当分この地で運営を続けるにしても、ここはそもそも島田家の持ち家を壊して校舎を建てたにすぎないので、地形も悪いし校地も狭くて、どうにも我慢できなかった。北隣に別院のある大雄山最乗寺とは、前述したようないきさつの後も何度か交渉をくり返して嘆願したが、譲渡を受けられる可能性はなかったし、南隣にある鹿児島奨学会もまた、明治初期以来の伝統を誇る財団法人で、時勢がどう変わっても動いてくれそうもない相手だった。

追分東校地

とはいえ、諦めてばかりはいられない。思いきって鹿児島奨学会の役員名簿を調べてみると百名近い人が名を連ねており、いずれも薩摩出身の政・官・財界に名だたる一流の方ばかりであった。勇を鼓して出かけていき交渉を重ねた結果、どうしてもこの土地を欲しいのなら、その寄宿

戦後再建の歩みを始めたころの追分校舎。
昭和38年、この場所に文京女子短期大学が建設された

舎（同学舎）の約九百四十八坪（約三一三四平方メートル）の替地として、地理的条件の良い広い土地を探して宿舎を新築すること、莫大な保証金を積むこと、移転のための経費も全額学園負担とすること、というような条件で、一歩の前進を見たのである。隣接地が欲しいためにこれらの難題を抱え込んだが、それも当然のこととして、奔走した。

そのころ、アメリカの教育視察団あたりの指示と思われるが、各学校にＰＴＡをつくることになり、本校でもＰＴＡが新発足したのだが、親切な役員の方々が私の力となって、真剣に替地の物色にかかってくれたのは感謝にたえないことであった。

その間、私学振興会から借金をして校舎の新設をする考えでいたが、木造校舎三棟は修繕をしてそのまま使えばよいので、戦前から借りていた本郷通りの向かい側の運動場の隅にでも小さい鉄筋校舎を建てるつもりであった。

ところがその土地は、所有者であった台湾人から、戦時中軍の仕事で成功し、戦後はまたいち早く不動産事業で地位を築いていたU氏に、いつの間にか売却されていたのである。びっくりした私は、さっそくU氏に借地権の継続を頼みにいったのであった。

その土地は、電車通りに面した東西に長い地形の良い場所なので、U氏は私の求めに応じなかった。仕方なく、その隣の西濃館《せいのうかん》という旅館の焼け跡約二百二十坪（約七二七平方メートル）を代わりに買いたいと思い、話を進めたところ交渉が円滑に運んで、昭和二十三年五月に校地として購入することができた。

はじめての鉄筋校舎

追分における復興第一歩として新たに購入できたこの二百二十坪の土地の北側に、私学振興会のご援助を得て、二年がかりで鉄筋地下一階・地上三階・屋上運動場付きの新校舎を建設し、そこを中学校の校舎とすることを決断して実行にかかった。

生まれてはじめて造る鉄筋校舎なので、設計は当時、バランスドラーメン工法の特許をとって注目されていた岡建築設計事務所、工事は建築界の大手の大林組と決まったときのうれしさは格別であった。これは、忍岡跡地問題で私が東京市から物心両面に大打撃を与えられたことをよく

学園初の鉄筋校舎（昭和28年12月）

知っていた東京都建築局の出縄徳輔《いでなわとくすけ》氏のお世話によるものであった。

大林組とはそれ以来縁が続き、本学園の主だった鉄筋校舎の建築を依頼することになるのだが、私は、最初の三階建てのその小さい鉄筋校舎の完成がとりわけうれしかったので、盛大に落成式を行った。

昭和二十八年十二月のその落成式には、鳩山薫先生、大妻コタカ先生（大妻学院創立者）をはじめおおぜいのお客様がお見えくださった。たくさんのお祝辞をいただき、また舞踊を披露してくださる方もあったりして、なにか前途洋々の華やいだ雰囲気であった。高木三郎理事をはじめとする私学振興会の皆さまや、私を支えてくださった方々に心からのお礼を申し述べたが、このときの私はよっぽど無邪気にうれしがっていたらしく、「校長先生は、この小さな鉄筋校舎の落成をあんなに喜んでいる」と来賓《らいひん》の方々に言われていたそうである。

ところが、それから間もなく、今度はこの鉄筋校舎入口北側の建物（現在の文京幼稚園園舎）の件で、やっかいな問題が生じたのであった。

旧M病院の建物

この建物は、戦前までは、Mレントゲン病院といって、当時大きな病院にもまだなかったレントゲンの機械を備えて、たいへん繁盛していた病院だった。しかし、M院長は病気で亡くなり、その後は未亡人と、お子さんが暮らしていた。

昭和二十年のこと、空襲で周りがどんどん焼けてきて、隣の本校運動場のおかげで焼け残ったものの、次に空襲があったら今度こそ自分の家もやられるだろうから、十万円で買ってもらいたい、と未亡人が私に言ってこられたのである。

だが、私自身、遺言状まで書き、借金返済とお礼を各所に済ませ、永代経料まで寺に納めて死ぬのを待っていたくらいだから、新たに土地建物を買いたす勇気などとてもなかったのでお断りしてしまった。結局、M病院はU氏が買い、それから何年もその付近一帯を買収し続けて、本校が運動場として借りていた土地も買ってしまったわけである。

さて、落成式が済んで間もなく、U氏がその建物を利用して、女子教育の上に影響の良くない商売を始めようとしている、という話を聞いて、驚いたのは私である。環境が良くなくてはならない学校の隣にそんなものができたらたいへんだと、心配で夜も眠れなかった。今日では、住民パワーと称して地域住民の反対運動が盛んだが、そのころはどうにもならなかった。

私は、思いきって、またU氏のところへ嘆願に行った。U氏は、

「私のやろうとする商売に口をはさむのなら、それに見合うだけの金を出してもらいたい」

と言う。どうしたらよいのか尋ねたところ、

「三百万円の敷金を入れ、月十五万円の家賃を払ってくれるならそろばんに合うから、それでならあなたに貸してもよい」

とのことであった。私は、時が時だったとはいえ、M病院の未亡人が持ってきてくれた話に耳を貸さなかったのだから悔やんでも仕方がない、と思った。鉄筋校舎を建てたばかりでお金はないが、教育環境の悪くなるような商売をされては絶対に困るので、「それではお借りします」とU氏の言を承知して帰ってきた。さっそくＰＴＡの役員にも相談したが、「そんな無理なことをしたら、学校の会計が心配だ」と口々に言われるほど、当時のその金は大金であった。

そのころ、本所から通学していた生徒の親に中央信用金庫の理事長さんがいた。母親がＰＴＡの役員をしてくれていた関係もあって、私はその理事長を訪ね、ぜひ三百万円貸してほしいと頼んだのである。

金融業の人としては当然と思うが、三百万円融通するかわりに、その連帯保証人としてＰＴＡの有力者五名の印がほしいとのことであった。私は人に迷惑をかけるのがいやなのでつらかったが、事情を説明してそれをお願いし、承諾をいただいて毎月十五万円の家賃を払うことにした。

付属幼稚園の開園

その建物の中を見たところ、改造すればなんとか使えそうなので、階下に保育室を三部屋造り、手洗所等も新設して、本校敷地との間の塀を一部とりはらって建物を新築校舎と連絡できるようにした。新築校舎は一階の天井を高くして講堂のようなホールにしてあったので、そのホールを遊戯室とすることにし、文京区役所に行って、幼稚園の認可を得たいと願い出たのである。

この時期、世の中はようやく落ち着きを取り戻し、戦争の恐ろしさを体験して財産があてにならないことを知った人たちは、わが子の教育こそ第一と考え始めたようで、幼児教育が盛んになっていた。文京区立の第一幼稚園はいつも満員で希望者を受け入れきれずにいたので、区では喜んでくれた。さっそく設置の認可が下り、昭和二十九年四月に開園の運びとなったが、園児もすぐに二クラスほど集まった。

電車通りの間口の広い建物に幼稚園の入口を付けたのだが、どう間違ったのか、実際には一〇〇メートルほど南にあるガス会社（東京ガス）を文京学園が買ったといううわさが立った。しかし、わが学園の実際はそれどころでなく、家賃の高いこの建物を早く返すことを考えなくてはならない状態だったのである。

それからしばらく後に鉄筋校舎の東側の空地に木造で小さい園舎を新築して幼稚園を移すこととし、非常口として裏通りに出口を付けたところ、裏通りの居住者から、勝手に通ることはまかりならんと、厳重な抗議がきた。

東大グラウンドまでの裏通り一帯は空襲でみな焼けて、戦後その土地を手に入れた新しい人たちがそれぞれ家を建てたのだが、通路だけは戦前と同じ地主が所有する私道で、合計するとその細い私道だけで百坪以上あった。そこで、非常口が付けられなくては問題だと考えた私は、通り道として買い手のないものを、地主に頼んで売ってもらったのである。とにかく、狭いところで仕事をする者にとって、予想外の出費がかさむのは仕方がないことであった。

同学舎の土地

私は昔から幼児教育に関心があり、戦前にも、ごく短期間ではあったが金門《きんもん》幼稚園という小規模の幼稚園を開いたことがある。幼い清らかな瞳に接すると、かわいくてたまらなくなる。だから、幼稚園の新設開園は、なんとなく文京学園に春立ちそめる風情があった。

幼稚園児の父母もまた熱心な方がそろっていて、初代のＰＴＡ会長には児童心理学者として著名であった早川元二《はやかわもとじ》氏がなってくださり、行事のときなど何やかやと皆さんを率先して手伝ってくださった。

運動会やその他の行事が、いつもあふれるばかりの親の愛情でにぎにぎしく行われ、それが昭和五十年代の現在まで続いているのは、ほんとうにありがたいことである。

さて、一方、私は隣接の同学舎の土地の買収問題に、いよいよ真剣に取り組むことになった。

ついに替地として、名勝六義園《りくぎえん》の北側、文京区上富士前町百番地の大和郷《やまとむら》（現在の本駒込）に、元首相で三菱財閥岩崎弥太郎《いわさきやたろう》氏の女婿《じょせい》であった加藤高明《かとうたかあき》氏の邸宅跡約一千坪（約三三〇〇平方メートル）の土地を探しあて、鹿児島奨学会側に話を持っていった。しかし、一千坪では狭い、二千坪にしてほしいと言われてしまった。

九百余坪の南側隣接はどうしても欲しい。こちらからお願いするのだから過酷な条件を強いられても仕方がない。こういう話には馴れているとはいえ、とうてい学園には無理な条件であった。

上富士前の土地は、他にも買い手があると言われ急がれていたので、手金だけは払ってしまった。同学舎の土地との交換登記にしてもらいたいとの当方の願いに対して、鹿児島奨学会側は、今度は次のような条件を言ってきた。

それは、まず文京学園のものとして新たな土地を買い、そして奨学会側の設計通りの建物を学園の費用をもって建て、最後に法律上、事実上支障がないと認めた場合に改めて条件をつけて交換に応じるとのことであった。

そこまで金を遣い、最後の交換の場合にさらに何を要求されても先方の言いなりになるような証書では、危なくて容れられない。私と一緒に骨を折ってくれたＰＴＡの会長や役員もこれには反対を唱え、深夜まで一同協議の結果、ついに、決められた期日に上富士前の土地の残金を支払い、それを学園のものとして、新たに考えることにしたのである。

大同生命保険

ところで、上富士前の土地を購入する大金を用意するためには、相次ぐ出費で苦しい上に、ちょうど金融引き締め政策のため銀行はどこも貸し出しをせず、金策に非常な苦労をしなければならなかった。

私が土地購入資金をどうしたらよいかと心配しているのを知った父兄のひとりが、「私の知っている人で、そういうことに詳しい人がいるから紹介しましょう」と申し出てくれた。私はその方の紹介でK氏と会ったが、氏は、「今は、どこの銀行も貸し出しはしません。けれども、保険会社ならば、場合によっては貸すと思います」と言った。そして、この人の紹介で、日本橋・白木屋（後の東急百貨店）の横にある大同生命（本社大阪）の東京支社長に会った。その結果、生徒から一口十万円の生命保険の申し込みを受け、一回の掛金として一千円余りを用意すれば、その契約の口数によって大同生命から金を貸すという。

この保険加入については、PTAで説明会を開いてくれ、役員が毎日学校内の特設事務所へ通ってきて、一生懸命に勧誘してくれた。同じ父兄の紹介だからと、大部分の父兄が事情を理解して勧誘に応じてくれた。

しかし、はじめての経験なので多少不安を感じ、万一の場合は掛金の金額を私の私財を売り払って返すことに肚を決め、申込者の三分の二が契約を完了したところで、保険会社に払う残りの生徒の金と書類にストップをかけた。そして、日本橋の支社に出向いて、本社からのはっきりした融資の返事を聞こうと思った。

大阪本社に乗り込む

ところが、支社長は、

「これから大阪の本社へ行くので、校長先生の持っている残りの三分の一の申込書と掛金をいただきたい」

と言う。私は、それはできないと渡さなかったところ、支社長は私の目の前で大阪行きの乗車券を買いにやらせ、私に見せた。

私は、「それでは明日、必ず大阪から電話をかけてください」と頼んで帰ったが、その夜遅く支社長から電話があって、「急用ができて東京へ帰らなくてはならなくなったので、熱海で下車をしました」と言うのである。

「そんなはっきりしないことでは、信用できない。私が直接本社にかけ合います」

と言いきって、私はすぐ旅のしたくをし、翌朝単身大阪へ出発した。

大阪駅でタクシーに乗り、運転手に大同生命のことを聞いてみた。というのは、東京では、大同生命はそれほど著名ではなかったからである。運転手の話では、大同は、大阪ではかなり信用のある保険会社だという。

本社を訪ねたところ、重役室の大きな応接間に通された。東京支社長をはじめ、東京詰めの幹部らしい人々が、廊下を小走りに歩いているのを見かけた。しばらく待たされた後、なんと重役たちが七人も現われ、私のまわりにすわったのである。

私は最初からのいきさつを話し、約束通りお金を貸してもらいたいと希望を述べた。ところが、重役たちの返事は、

「政府の規則がありまして、生命保険に入ってもらったからといって金を貸すことはできないのです」

というではないか。私は、

「皆さんご重役の方々は、東京の文京学園の生徒たちが、一口十万円ずつ何百口も大同生命と契約して掛金をしていることをご存じだったのでしょうね」

と尋ねたが、誰も「知らなかった」とは言わなかった。

そこで、私は、

「大阪では大同は一流であるにしても、東京にも昔からたくさんの有名な保険会社があるのだから、東京の学校がわざわざ大阪の生命保険会社になぜこんなにたくさんの生徒を加入させたのか、私立学校のことだからこれには資金融資の問題がからんでいるのではないかと、支社長なり東京支社の幹部の人なりに、重役としてお尋ねになっていなかったのですか」

と詰問したのである。

七人の重役を相手に談判

さすがに誰ひとり返事をしなかった。そこで、私が、

「じつは、まだ三分の一の生徒の申し込み書と掛金を一緒に預かっているのです」

と言うと、先方は不審に思ったようだった。重役の質問に、

「私は、支社長のお話にどうしても腑に落ちないものを感じたので、万が一保険会社がこの件で約束不履行の場合は、すでに支払い済みの三分の二の生徒と父兄にはお詫びして、掛金を全額私の責任で返してしまおうと思っています。本日のご返事によってはそうするつもりです」

と答えた。するとひとりの重役が、

「じつは、これまで、関係深い銀行から、大同があっせん役となって融資したことはあるのですが、それが今年の予算では全部出払ってしまい、御校に貸す金はないのです」

と、きつい表情で言った。

私は引き下がっていなかった。

「たとえ予算は全部ないとなっても、会社がもし、この私どもの申し込みを受けた責任上、約束通り絶対に融資しなくてはならないとお思いならば、別途お考えいただくこともできるのではないでしょうか。国家予算だって緊急予算という特別の計らいができるではありませんか。不肖、文京学園程度の小さい学校でも、年度はじめに作った予算通りにはいかない緊急必要な事態が起

これば、中途においていくらでも予算の編成替えをいたします。御社で貸すまいと思えば、どんな理由でもあげられるでしょうし、また、貸そうと思えば、これだけ大きい会社だったら、どんな工夫もできるはずです。要は、あなた方の肚次第なのだから、きっぱりと答えていただきたいのです」

と言ったところ、相談のため全員が奥へ引っ込んだ。

三和銀行の融資を取りつける

三十分ほど経って、重役が四人戻ってきた。返事やいかにと待ち構えていると、最初とはうって変わったおだやかな調子で、

「さきほど申し上げたように、私どもの会社には貸し出せる金はないのですが、さきほどらいの校長先生のお話をうかがっていると、このままお帰しするわけにもいかないので、今、重役たちと相談の結果、三和銀行からお申し出の額だけご融資するよう取り計らいました」

と言ってくれた。私はさっそくバッグから紙と万年筆を出して、その人の前に置き、

「今あなたがおっしゃった言葉通りでけっこうですから、ここへそのままお書きください。その土産がなくては、私は東京へは帰れないのです」

と言ったところ、その通りに書いて差し出してくれた。帰りぎわに、車で駅まで送ってくれるというので部屋を出たところ、東京支社長や幹部の人たちが何やら言いたそうに私のそばにやっ

てきたが、私は足早に玄関に出て車に乗った。

問題を無事に片付け、帰京すべく列車に乗り込んだ私は、やっと緊張を解いて、校務主任の若林先生あてに、「用事済んだ、安心せよ」との電報を車掌に頼んで打電したのであった。

後日、学校へ支社長が謝罪にみえた。大阪の話が出て、

「女性ひとりに乗り込んでこられて、みんなで降参したのは、大同生命始まって以来のことでしたよ」

と支社長に言われた。そしてまた、支社長は、

「私の家は浦和で遠いけれど、ぜひ娘に校長先生のような方の教育を受けさせたい」

と言っていたが、翌年の三月にはほんとうに入学願書を持ってみえたのであった。

旧加藤高明邸

このようにして、昭和二十九年十二月に買い受けることになった駒込上富士前町の旧加藤高明邸は、校地としては狭いけれど（約一千坪・約三三〇〇平方メートル）、建物は大正時代の本格的な洋館であり、広大な名勝・六義園に隣接しているので、空気清澄、閑雅《かんが》の、まことに理想的な教育環境といえた。

この邸宅は当時外務省の外郭団体が所有していて、インド大使館に貸していたのだが、マッカーサー元帥も来訪したことがある由緒あるものだった。この土地の買収交渉に骨を折ってくださ

旧加藤邸（上富士前校舎本館）後ろで建築工事が進む1号館校舎（昭和30年暮れのころ）

ったＰＴＡ役員・村林《むらばやし》栄《さかえ》氏のご功績は、永久に忘れられぬところである。

上富士前町のこの一帯は通称を「大和郷」という高級住宅地で、昔は若槻禮次郎《わかつきれいじろう》元首相をはじめ現職の大臣がいつも三人は住んでいたといわれるところである。この土地を校地にしたとき、私は、大和郷の三十数軒に寸志を持って挨拶に回った。

「あの建物は何にお使いになるのですか」と質問されて、「生徒のお花やお茶のけいこ場にします」とたしかに答えたが、ほんとうに一時はそのように使う以外に使い方はなかったのである。

だが、次第に生徒も父母も、「あんないいところを空けておくのはもったいない。早く校舎を建ててあちらに越しましょう」と言うようになってきた。私もそれらの声に押されて、ついにこの上富士前町に中学・高校校舎を新築する決心をしたのである。

ここはまさに、本校にとっては念願の、国電の駅に近い土地であった。

上富士前校舎一号館落成

文京学園のPTAは、大和田徳三郎《おおわだとくさぶろう》会長のころから、役員の皆さんがよく協力してくださっていたが、ちょうどこの昭和三十（一九五五）年当時は、大正十五年以来のお付き合いである片岡文太郎氏のお孫さんが入学されていたため、同氏が会長を務めてくださっていた。PTAの方々のありがたい献身的なご努力や職員の協力に支えられて、私自身も新校舎建築資金の工面のために、血のにじむような工作を続けた。

加藤邸表玄関車寄せの前から正面までの間がそうとう広く空いていたので、資金の工面がついたところで、そこに一棟（現在の一号館校舎）をまず建てることになった。

この校舎は鉄筋コンクリート四階建てで、一階はホールとし、二階から四階までに九教室を造った。南側の前庭は、立派なので壊すには惜しかったが、池を埋めたり、立ち木をどけたりして、平らにならして運動場にした。

昭和三十一年春にこの校舎は完成した。だが、追分校舎にいる生徒を全員連れてくるわけにはいかないので、四月にはとりあえず高校一年の普通科の生徒と中学生の一部を入れて、学期ごとに交替させることにしたのである。

8 基礎固めの時代

木村さんの土地を買収

生徒を追分校舎と上富士前校舎に分けての教育は、とかく差しつかえが多かった。上富士前の土地を、文京学園新生の主流とするべく心に決めた以上、これを解消するには、上富士前のその隣接地に拡張をはかる以外にないと思って対策を考えていたところ、新校地の東隣に住む木村さんという方が、私に話があると訪ねてこられた。

お会いしてみると、年配の女性で、しっかりした包容力のある方であった。おっしゃるところでは、

「私は校長先生のことをよく知っていて、親戚の結婚式のときにお目にかかったこともあります。追分の学校のこともよく知っていますが、狭いところに生徒がいっぱいだし、電車通りにまで校舎を建ててしまったので、門のない学校だと人が悪口を言っているのを先生はご存じないでしょう。こちらにいらっしゃるかぎりは、次は東側に校舎をお建てになるでしょうが、そうなると私の家は騒音で悩まされます。もしも先生が将来を考えて私の土地を高い値でお買いくださるなら、売ってあげてもけっこうです。ただし、私は易をやかましく見るので、話に来られる場合には、相談によい日のよい時間を指定しますから、それ以外のときに来てくださっては困ります。それから、校長先生が買うとおっしゃったら、これから移転先をよい方角に探すことにします。いつ見つかるかはわかりませんし、たとえ見つかっても、そちらに家を建てるまでは待って

いただかねばなりません」

とのことであった。私は、喜んでこの話をお受けした。

この方は資産家で、その約五百三十坪（約一七五二平方メートル）の土地を姉妹おふたりで持っておられた。人づてに聞いたりして私のことは調査済みらしく、私学経営の容易でないことや、私が一段一段堅実に学園を築いていることに、理解と同情を持ってくださっていた。その後、話がまとまって、新宿区の奥の高級住宅地に立派な邸宅を建築して引っ越されたが、私は心からのお礼のご挨拶に参上した。

「大和郷問題」起こる

昭和三十一年五月に、無事、木村さんから土地を譲っていただき、その土地に増築することになった。

最初に建てた校舎を一号館、新しく建てる校舎を二号館とした。鉄筋四階建てで二十四教室と普通教室の一倍半の広さの特別教室を四教室、延べ八百坪（約二六四五平方メートル）とし、校地の東側と南側の角にL字型に建築するように設計した。

ところが、旧木村邸の北隣で、一号館校舎の東側にあたる地続きの場所に邸宅を所有しておられた弁護士のY氏が中心となり、それこそ大がかりな学校追い出し策ともいうべき反対運動が起こったのである。

反対派は昭和三十一年七月に「大和郷文京学園対策委員会」を結成し、「以後絶対に、文京学園に土地を売りも貸しもしないこと」という誓約を結んだ。なにしろこの大和郷に住んでおられる方々は学者、法律家、建築家、外交官、官僚、実業家など多士済々で、いわば最高知識階級だった。各界に知己も多く、手分けをして政界、言論界にまで働きかけたようである。

その運動の猛烈さは世の耳目をそばだてる結果となり、『読売』『毎日』など、ほとんどすべての新聞がこの騒ぎを記事として取り上げたし、『週刊新潮』も〝ザンス夫人おおいに怒る〟などと見出しをつけて、地元高級邸宅夫人たちの反対運動ぶりを二ページにわたって掲載した。わが学園ではこれを「大和郷問題」と呼び、ＰＴＡの方々は一致して私を支援し、熱心に協力して助けてくださった。

「うるさくて迷惑だ」ということになれば、ほとんどすべての公共施設は付近住民にとって迷惑となろう。私もご理解とご寛恕《かんじょ》を得るべくずいぶん誠意を尽くしたつもりであったが、計画一切の中止かあるいは当地からの撤退以外に、その反対攻撃を避ける途はないかのような激烈なものであった。

反対派は都議会で都議会議員を味方にして工作したり、大林組に勤めていた関係者を利用して、設計部から建築設計図を持ち出したりもした。そして、このような高級地に大きな学校建築は許可しないようにと、東京都建築局幹部に働きかけた。さらに、当時の都知事安井誠一郎《やすいせいいちろう》氏をはじめ、都の関係者のほとんど全部に反対運動を支援するよう手を回したようであった。

二号館工事の認可下りず

都内の私立中学・高等学校は、東京都の指導監督を受けている。また、建築の認可申請先も、当然東京都建築局である。この場所はめいわくだから建築を許可するなと働きかけられても、計画自体は合法的なものだけに東京都の関係者は困ったようである。とくに、相手が社会的地位の高い人たちなので、都知事も大いに返答に困られたらしい。

建築基準法上また学校建築法上の許される範囲で確認申請をしたにもかかわらず、期限が過ぎても認可が下りない。年度内、少なくも翌年三月までには完成を予定していたのに、建築開始予定の八月を過ぎても通知がなかった。

私は、その前々年に安井都知事から教育功労者として表彰を受けていたので、たいそう張り切って全力投球でのぞんでいたのに、ほんとうに無念であった。政治的に動くことのいたって下手な私は、よい知恵も浮かばずまったく困り果ててしまった。

そこで、建築局へ日参して確認申請の許可をお願いしようということになり、ＰＴＡの代表が毎日交替で建築局の責任者を訪ねたのである。

しかし、建築局幹部たちは連日留守がちで、たまたま役所に帰ってきても、文京学園の者が来たと聞くとまたどこかへ姿を隠すというありさまで、どうにもならなかった。

夏から建築を始める予定であったが、十月になってもまだ確認が取れない始末で、来年四月の入学期に間に合わないようにされるのではないかと判断した。そう考えると、私はいても立ってもいられなかった。

銀行の貸し出しもストップ

ＰＴＡの代表が建築局へ日参するので役所も困り果て、設計図の手直しをさせることによって認可を引き延ばそうという方策に出てきた。

たとえば、うるさいから東側廊下を西側につけ直せだの、Ｙ氏邸に近い部屋の窓を全部片開きにして外が見えないようにせよだの、などなど。

認可を下ろさざるを得なくなるまで言うなりに設計変更を続けた。認可が下りたのは昭和三十一年十一月二日のことであった。建築局はよほどの圧力を受けていたのだろう。

いよいよ本格的に工事着工ができることになったまさにこのとき、今度は「文京学園に関しては、現在もめごとがあるようだから貸し出しをしないように」という指令が、各銀行の本店から本学園のすべての取引銀行支店に回ったのである。銀行の上層部に働きかけるよほどの強い力があったに違いなかった。

この結果、本校が約束を取りつけておいた各銀行の貸し出しは、すべてストップされてしまったのである。

学校設置の反対運動は、資金源を断ち、監督官庁を押さえ、新聞や雑誌にまで手を回し、あらゆる手を尽くして妨害をはかったのである。
たとえいかなる言い分があろうとも、建築が中途で立ち腐れとなるように銀行筋まで押さえ込むとは、あまりにもひどすぎると、私は怒り心頭に発せざるを得なかった。

捨てる神あれば拾う神あり

しかし、世の中は「捨てる神あれば、拾う神あり」である。資金源を断たれることは、まさに致命傷ともいうべき痛手であったが、うわさが広まり、見舞いに来てくれる人、励ましの電話をかけてくる人がたくさんあった。「渡る世間に鬼はなし」と言うが、ついに強力な味方が現われたのである。

資金調達のメドもつかないまま心労で眠れぬ夜が続いたある日のこと、上野信用金庫（現在の朝日信用金庫）の長野高一《ながのたかいち》理事長から、次のような手紙をいただいた。

「資金を止められて、さだめしご心労のことと思いますが、当金庫をご利用ください。できるかぎりのことはいたします。かねてよりの友人、片岡文太郎氏からあなたの話を聞き、事情はよく存じ上げております」

と書かれてあった。これこそ過去の信用が生きたことになるのであって、まったく天の助けとばかり喜んだ私は、さっそくお礼とお願いに出かけていった。

建築資金については父兄たちも心配してくれ、学校債の発行を計画してくださった。三年返済、五分の利子付きで、ご父兄にたくさん引き受けていただいたので、二号館の建設工事は資金面からは進行できることになった。

　ところが、大和郷問題は、それでけりがついたわけではなかった。校舎の建築をあくまで阻止しようとして、大和郷関係者が訴えを起こしたのである。なんでも、建築確認許可後一週間以内であれば、確認に異議を唱えて一種の裁判に持ち込むことができるのだそうである。それは建築にかかわる特殊な裁判であって、行政機関が行う「建築審査会」と称するものだという。

　口頭弁論では原告側も被告側もひとりずつしか出廷が許されず、東京大学の内田祥三《うちだよしかず》博士とか、早稲田大学建築学科の木村建一《きむらけんいち》博士といった当時の建築界最高権威者が四人集まって裁定するもので、その日のうちに決着がつくということであった。

学校側に軍配が上がる

　出頭命令を受けた当日、私は言われた通りにひとりで出廷した。反対派の人たちは、座席が満員になるほど傍聴席に詰めかけていた。

　口頭弁論は双方ひとりずつと言われていたのに、先方は明治大学の教授が法律論を、次にその道の権威者が道徳論を、さらに次の代表が教育論を展開して、都合三人がお手のものの名演説をそれぞれくりひろげた。

　立派な肩書のある社会的地位の高い人たちは、規則を無視し、自分の立場を利用して手続きをとり、このようなことができるのであろうか。私はまずそのことに妙な感心をした。

　男が少し偉くなると、政治家と付き合いたがったり、あるいは、自分自身が政界におどり出て権力を得ようとしたりする者が多いが、その理由がよくわかったような気がした。

「私もこの次に生まれるときには、ぜひとも男に生まれたいものだ。女ひとりは弱くて、いつも損ばかりする」

　とつくづく思いながら聞いていた。

　次に私が指名された。何も原稿は用意していなかったが、私は、教育に対する自分の信念と、学校の教育環境の大切さを述べた。

「大和郷は絶好の教育環境なので、生徒も父兄も非常に喜び、こういうところで娘に教育を受けさせたいと心から願っています。学校側もできるかぎり静かさを保ち、ご近所へご迷惑をかけないよう、建築の上でも注意をしたいと思っていますので、ぜひお許しをいただきご理解を賜りたい」

　と結んだが、それよりほかには

上富士前校舎建設問題の審査会の決定が下った日、本校応接室にて（昭和31年11月）

言うことがなかったのである。

口頭弁論が終わり、その後すぐに審査決定が行われた。

私はその間、動きもしゃべりもせずにじっとすわって待っていたが、結果は完全に学校側に軍配が上がったのである。

閉廷となったとき、私は大和郷文京学園対策委員会のおおぜいの人たちの前に出て、

「いろいろと、ご面倒をかけてすみません。今後も、なるべくご迷惑をかけないように注意いたしますから、よろしくお願いします」

と挨拶をした。しかし、反対派の人たちはひとことも返事をせず、背を向けてそろって帰っていってしまった。

説得工作と三文新聞

しかし、話はこれで終わったわけではなかった。反対派の人たちは、裁判に敗れたため、今度は東京都の安井知事を味方につけて、都議会議員U氏を強力な後援者として活動を始めた。

都総務局の係官が毎日のように学校を訪れ、私の説得にかかりだした。

「この高級住宅地に大きな学校建築はふさわしくないから、全棟を計画の半分の二階建てにしてほしい」

としきりに主張するのである。

たしかに、学校そのものを追分から上富士前に移転させるための許可を出す権利は都学事部が握っている。そのときは、まだ正式に移転許可が下りていなかったため、都の役人の言うことを聞かないと、どんなことをされるかわからない。私も内心不安であり、一難去ってまた一難の悩みが続いた。

そのころ、時を同じくして、「この騒動を新聞に書く」と言っては、あやしげな男たちが入れかわりたちかわり学校を訪ねてきた。いわゆる「ゴロツキ新聞」と呼ばれるたぐいの人間であり、三時間も五時間もねばるのである。記事の書き方は金次第。一流企業でも、これらの連中にはずいぶん泣かされていたようだ。

ある三文新聞のごときは、「文京学園は悪い学校だから生徒を行かせないほうがよい、と書いて、各小学校、中学校に配布するつもりだ」とおどかしてきた。すでに金をもらっていたらしく、事実その通りに書いた。

その新聞社をつきとめてみると、新聞といっても名ばかりの、うらぶれた小さな部屋に机がひとつ、電話が一本という金目当てのいかがわしい組織だ。私はその新聞社の社長を名誉毀損で正式に告訴した。

これらの新聞社に手を回したであろう人たちは社会の上層部に顔の利く人たちだから、この件もきっともみ消すに違いないと予想していたところ、案の上、途中でなんとなくうやむやになってしまった。私は、当方の心構えさえ相手にわかればいいと考え、あえてその時は追及しなかった。

次から次へと妨害が

その後はまた戦術を変えて、学校の直接の監督官庁である都学事部に問題を持ち込まれたのは、正直なところずいぶんつらかった。

そのうちに今度は、当時の日本私立中学高等学校連合会理事長の小野光洋《おのこうよう》氏までが、本校に説得に出向いてこられるありさまで、まさに四面楚歌の状況であった。

小野氏は、そのころの全国の私学教育界で知らぬ人のない存在であった。氏は、都の総務局長から依頼されたらしい。

私は心身ともに疲れ果て、医者の勧めもあって、静養に出た。しかし、せっかく避難をしたものの、たび重なる学校からの連絡に、静養どころではなかった。やむなく帰京した私は、ついにPTA会長片岡文太郎氏に同道を願って都庁に出向くことになった。

総務局長室に通されたが、局長、部長を含めて十人近くの係職員が集まっていた。挨拶もそこそこに、

「全部を二階建てに変更できなければ、せめて、Y氏邸に近い部分だけでも二階どまりにして、反対派の人々に妥協してもらいたい」

と、さっそく本題が切りだされた。それはじつに、十二教室ないしは六教室を減らせということなのである。

私学を振興助成するためにあるはずの役所が、私学の実情からすれば、とうてい受け入れがたいと思われるようなことを、どうして言うのだろうか。

「ほかに何かありましたら、どうぞお聞かせください」

と次々にうながし、居並ぶ人すべて話し終わると、

「これで私のうけたまわるべきお話は全部済んだようですから、帰ってよくよく考えてみます。片岡さん、さあ帰りましょう」

さっさと帰ってきてしまった。皆、あっけにとられたようであった。

もう呼び出してもむだと考えたのか、今度は都の職員ふたりが日参して上富士前校舎に通いだし、私はその応援にわずらわしい思いをした。

「私立学校は理事会にはかって各種の計画を進行するのですが、最終的な全責任は理事長にかかっています。見込み違いをすれば、職員にも生徒にも申しわけないことになる。皆さんのおっしゃる通りにして今後の学校経営上重大な影響をこうむったとき、役所はどのようにその責任を負ってくださいますか」

と私が職員にただすと、

「そんな責任は負えない。われわれは命令された通りに動くより仕方がないのだから」

という返事であった。

時あたかも生徒募集の時期にさしかかっていたが、今度は募集の邪魔をしようと、また何者かが三文新聞にでたらめの妨害記事を書かせて、小中学校に広くばらまいた。

ここにいたって、さすがの私も決然と立って、すぐにＰＴＡ会長、副会長同道で小野光洋氏を品川区旗の台の立正学園（現在の文教大学学園）に訪ねたのであった。

会長、副会長がこもごも現状を話したが、小野氏も都から頼まれているので、困った様子で返事がない。私は、今日は黙っていようと思っていたのだが、たまりかねて、

「それでは、小野先生個人としてのご意見をおうかがいしたい」

と切りだした。

小野光洋氏の一言で決断

私は、一方が四階、一方が三階のままで工事を中断している写真を見せた。

「皆さまにご心配をかけてはいけないと、この写真にあるように、妥協策を黙ってとっているのです。ところが、高校移転認可を出さないようにと反対派が運動しているだけでなく、都も私どもの校地が新規準に満たない点で、移転認可を渋っているようです。何も新しく学校認可を得ようというのではありません。同じ文京区内のわずかな距離に、もともと認可を受けている学校の定員を移すことを認めてほしいとお願いしているのです。反対運動の方々は、資金源を断とうと銀行融資の邪魔をし、また、新入生が来なくなれば学校が自然消滅するだろうと、あらゆる術策を弄《ろう》して募集の妨害までしています。この新聞をご覧ください。いかにうそ八百を書かせて、私どもの学校の信用を落とそうとしているか。もしも立場をかえて、私が受けていると同じことを

一進一退の難交渉の中でも続く上富士前校舎2号館建設工事、
写真奥は六義園庭園（昭和32年春）

された場合、先生はどうなさいますか。相手の言い分だけに従っていらっしゃいますか。小野先生個人としてのお考えをなにとぞお聞かせください」

小野氏はしばらく黙っていて返事をしなかったが、やや時間をおいて、

「ぼくがその立場にいたら、そうそう言いなりにはならない」

と、ぽつりと言われた。私は、

「会長さん、副会長さん、やはり小野先生はわかってくださったようです。お礼を申し上げて帰りましょう。どうもありがとうございました」

と挨拶して、ひとりで部屋を出て玄関のほうへ歩きだした。会長、副会長のふたりもあとに続いたが、校舎の外へ出ても万感胸に迫って、しばらく三人は口がきけなかった。

私はすぐさま大林組に対して、一時ストッ

プさせていた工事をいっせいに再開するように指示した。そして、高等学校の移転を認めてくれるよう、都に請願書を出したのであった。

ついに二号館落成

都からは依然として移転を許可するという返事はなかった。

そのあげく、都は、「公立中学校の施設はじゅうぶんにできたので、中学は私立の世話にならなくてもすむ。したがって、文京学園女子中学校の移転は認めない。しかし、高校は今後も生徒数が増えると予想されるのに、都立では収容しきれないから、特別に高校だけの移転を認める」と回答してきた。

私は強く主張した。

「ご承知のような大和郷問題があり、父兄一同のご援助がなければとうてい二号館の新築などできなかったと思います。校舎はできあがったけれど、中学生を連れていけないなどとは、私には言えません」

それに対して、

「では、その中学生が卒業するまでは目をつむってあげよう。しかし正式許可はできない」

と、あいかわらず杓子定規《しゃくしじょうぎ》な返事であった。

それ以上争っても仕方がないので、私は決断し、そのことは父兄にも生徒にも言わないで、中

2号館が落成して、功労者顕彰レリーフを除幕する（昭和32年11月2日）

学生も高校生も一緒に上富士前に移すことにした。収容能力の関係で、高校の商業科の生徒だけはやむなく追分に残すことになった。

この後、中学校の上富士前への移転が正式に認められるまでには、じつにじつに困難な交渉とねばり強い努力が重ねられたのであった。それが結果的には、昭和三十九年四月の、追分校地における文京女子短期大学の開学へとつながることになるのである。

ついに大和郷問題はここにようやくほぼ終結し、昭和三十二年六月、上富士前校舎二号館は落成したのである。十一月二日、真白い新校舎の屋上に翩翻《へんぽん》と日の丸と学園旗がひるがえる中、校庭で盛大に二号館落成を祝ってレリーフ除幕式が行われた。涙でしか語り得ない感激の式典であった。

校舎一階の中央入口の壁面に、私は、誠心誠意、学園のため、生徒のためにご自分の仕事も犠牲にして尽くしてくださったPTA役員の方々のご功績をたたえ、そのお名前を長く伝えて顕彰するために、金属製の記念レリーフをはめ込んで、当日はこれを除幕したのであった。

富津に臨海寮

苦労の甲斐あって、校運は隆盛に向かっていた。六義園という緑の庭園に隣接しているので、娘たちにいい空気を吸わせられると、お母さん方はとても喜んでくださった。「文京学園の上富士前校舎は、環境がよく、空気清澄で閑雅」という評判が広まり、入学希望者は増加の一途をたどった。

一日も早く商業科の生徒を迎え入れる教室や特別教室を増設したかったが、新校舎建築となれば、工事の騒音その他で近隣にまたまた何かと迷惑をかけることになるし、これまでのいきさつもあるので、実行は遠慮された。それより、できることならいっそのこと、隣接のY氏邸そのものを譲っていただくことはできまいかと、私は考え始めたのであった。

追分校舎に残した商業科の生徒のためには、それから数年後、東片町百三十七番地に入手しておいた校地に鉄筋三階建ての校舎を新築することができた。この新校舎の落成は、昭和三十六年十二月であったが、同じ高校なのに、別々の土地の、しかも戦前からの古い建物の中で学ばなくてはならない商業科の生徒に対して、いつも心の中で詫びていた私にとって、それはいささかなりとも心の負担を軽くしてくれた。

とはいえ、上富士前と追分とを掛け持ちで授業に出る先生方の不便、その他の面倒を思うと、一日も早く、中学と高校を上富士前校舎にひとつにまとめるための努力をしなくてはならなかったのである。

さて、当面、上富士前では校舎の増築や運動場、体育施設の拡充などは実現しそうになかった。しかし、昭和三十二年七月には、千葉県の内房海岸富津《ふっつ》に一千二百余坪（約四〇〇〇平方メートル）の土地を用意して臨海寮を建てることができ、まだ水のきれいだった海岸での海水浴や合宿訓練等に使用し始めたのである。

9 拡充の時代

衛生検査技師養成学校を

私はたえずさまざまな工夫をこらしながら学校経営をしてきたが、設立以来一貫しているのは職業教育である。昭和三十三（一九五八）年四月に衛生検査技師法という法律が施行されたのを知ったとき、私は若いころから抱き続けてきた医学の分野への夢の実現に駆りたてられた。私はさっそく、衛生検査技師を育成するための学校「文京女学院医学技術者養成選科」の設立準備に取りかかったのである。

昭和十二年八月、私が三十五歳のときに、世界教育者会議が日本で開かれたが、東京帝国大学に世界中の教育関係者が集まってじつに盛大なものであった。この会議にオブザーバーとして出席した私は、期間中に帝大内の各会場で行われた講演会を聴いて歩いたが、そんなある日、医学部の会場でアメリカの軍医らしい人の「日本の予防医学は十五年遅れている」という一言を聞いたことから、私の予防医学に対する興味と関心が芽生えたのである。十五年もの遅れ、これは聞き捨てならない言葉だと思った。

それ以来、予防医学という新しい分野に関心を持ち続けてきたわけだが、昭和三十三年四月の「官報」には、厚生省の規則の一部が改正され、厚生大臣が認可する学校で二ヵ年修業し卒業した者に衛生検査技師国家試験の受験資格を与えることが記されていた。衛生検査技師の資格を取得した者には、病院の検査室や研究所、保健所等に就職の道が開かれ、その専門知識と技術は今後ますます重要視されることが予想された。こまやかな神経と注意力が要求される検査技師の仕事は、まさに女性にこそ最適と思われた。

文京女学院を生きかえらせるとき

私の最初の出発は、女性の味方になりたいということであった。封建思想の根強い時代においては、女性の教育の必要など認められていなかったが、教育がないばかりに、不幸な境遇から抜け出る術《すべ》を持たず、知恵も浮かばなかった女性が多かったのである。いざというときにひとりで立ち上がれる経済的な力、すなわち技術を女性に与えることに生涯をかけたいと念願して女学校を開いたのだが、当初の理想の実現どころではなく、つぎつぎに起きる諸問題を片付けるのに追われて、理想の山の頂にはなかなか登れなかった。まずは足もとからと、ひとつずつ問題を片付けて自分の考えを実行に移してきたのだが、この「官報」を見たとき、私は一大決心をしたのである。

この改正された法律は、正式にはその年の秋から効力を持つようになるとのことだが、年も押しつまってから翌年春の開校を準備するのは、誰にとっても容易ではあるまい。したがって、来春四月に開校を宣言する学校はまず少ないであろうと私は推測した。それまで、必要上、制度によらないで検査技師を養成していたのは、港区にある北里研究所内の養成所と、聖路加国際病院の橋本寛敏《はしもとひろとし》先生ご指導による中野の東京文化学園の研究室、このふたつの規模の小さい施設があるのみだった。東京においてしかり。地方の実情は推して知るべしであった。私は、今こそその機会だと思った。

さて、戦後学制が変わって六三制が施行されたときに、文部大臣認可の十佳女子高等職業学校を文京学園女子中学校・高等学校としたが、満六歳から十五歳までの九年間を義務教育期間と定めた新学制によって、小卒十二歳以上を入学資格とする各種学校（府知事認可）の本郷商業家政女学校は、その存立意義を失っていたのだ。考えてみると、政府まで各種学校を軽く見て、戦時中などは軍需工場として接収するなど、真っ先につぶしにかかってきたが、私は各種学校を軽視するのは間違っていると考えていたし、常々、人間はひと色に教育すべきではなく、個性と能力と境遇を考えて行わなければならない、という信念を持っていた。

したがって、たとえ生徒がいなくなろうともこの各種学校は存続させておきたいと考え、戦後間もない昭和二十二年、本郷商業家政女学校を「文京女学院」と校名を改称する変更届を都に提出して、内容については学則の終わりの第二十四条に、「時代の推移、要求を考えて、その希望に応じる科を選科として設置する」と書き添えておいた。

時が来たのだ。いよいよ文京女学院を生きかえらせる時が来た、と私は考えた。

日本医科大学

上富士前校舎に中学・高校の生徒の大部分が移って空教室ができた追分校舎を、新しく設立する学校にあてようと思った。設備は自分ひとりでも整えることができそうだが、学習内容や生徒の指導など教育そのものについては、専門の医師の援助が必要である。しかし、開業医の方はどう見ても多忙だし、個人的に知っている開業医はいるものの、もっと大きな見地から計画を立てなくてはならないと考えた。私のこの考えを理解して助言してくれる人をと周囲を見回したとき、K先生の名が浮かんだ。

追分から四、五分歩いた根津神社の裏門に面して戦前から日本医科大学があった。不幸にも戦災にあっていずこも同じことながら復興は容易ではなかったようだ。早稲田大学が医学部として併合しようとしているなど、いろいろなうわさが聞こえてきたあと、手腕家として評判のK先生が理事長となられた。それからは見る見るうちに顕著な復興ぶりを見せ、校地の拡張はもちろん、校舎の増築から付属病院の新築に至るまで眼をみはるものがあった。他にもK先生は多くの私学関係団体の長として活躍され、その肩書は十指にあまるほどであったろう。

私は陰ながら私学経営の達人だと敬服していたので、衛生検査技師の仕事は婦人の仕事として将来性があると着眼したものの、果たして素人の私のような者がその養成学校を開くのは無理であるかどうか、K先生のご意見をうかがってこようと考えて日医大まで出かけたのである。

千客万来とはこのことだと思われるほどの忙しさにもかかわらず、先生は紹介状も持たない私のために時間の工夫をつけて会ってくださった。そのご厚意にまず感謝の気持ちを表して、私は自分の計画を説明した。衛生検査技師の養成学校を開き、自分の信念である女性の職業教育に新分野を開きたい。それを運営するには、医科大学と大病院のバックアップと指導がなければとうてい無理だと思う。私の考えはいかがなものであろうか。先生のご意見をいただきたく、失礼をもかえりみず参上しましたと申し上げた。

このとき、先生はたいへんごきげんよく私の話を聞いてくださり、

「その計画は、まことにけっこうだ。おやりなさい。教授は私のほうの人を向けてあげましょう。卒業生の就職についても心配してあげましょう。この学校の開設には医療器械などの設備に金がかかってたいへんだから、私の学校から実験その他に必要なものをある程度貸してあげましょう」

と、何もかも精通している方だけに、まったく感泣するほどうれしいお言葉をいただいた。

実習室の設備

学生の臨地実習をお願いするのに、日医大付属病院は本校の至近距離にあり、そして、私の力の不足を補ってくださる方がそこにおられるのである。天の使命として、私にこの仕事をせよとのK先生の仰せなのかもしれないと喜んだが、このことはあまり人には話さなかった。とにかく先生の信用とご厚意に応えなくてはいけないと、私の活動は始まった。

まず私は、当時東洋一と言われた虎の門病院の中央検査室の見学を申し込み、次にあちこちの病院の検査室を見て歩いた。今では少し大きい病院で検査室のないところはないほどだが、この当時は検査界もまだ黎明期《れいめいき》というべき状態で、東京大学医学部附属病院中央検査室も新設計画進

行中であり、日医大にもまだ完全な検査室はなかった。東洋一と言われるだけに、虎の門病院はさすがに設備も人もそろっていて、見学者の私にいろいろととても親切に教えてくださった。そこにお勧めだった吉田光孝《よしだみつたか》先生のご厚意は今も忘れられない。

私は、ここで必要最小限の具体的な知識を得て、今度は設備にとりかかった。当時の五百万円は大金であったが、専門の業者の設計と勧めに従い各種の実験機械・器具を次々と購入した。天秤計器類は土台から固めて柱を立てなくてはいけないと言われれば、床板をめくって土台石から入れ替えて、計器が微動もしないよう頑丈な台を造りつけるとか、教えられるままに、実験実習室を一生懸命に造っていったのである。

K先生のご指導に感謝し素直に従った私だが、「学校の器械その他の設備はたいへんだから、本校のものを貸してあげますよ」というご親切なお言葉だけはそのまま甘えてはいけないと、すべて自分で買い調えたのである。

行き詰まる認可申請

私は夢中になってこの新しい分野に取り組んだ。追分のいちばん後ろの第三校舎の木造三階建て八教室の階下四室をふたつに仕切って大きな実験室に改造し、二階四室を講義教室と講師室にあてた。

設備がだいたいできたころには、年が明けていた。四月の新年度から開校するには、さっそく全国の高校あてに周知をはからなくてはならない。なにぶん、当時はまだ医学検査についての世の認識は浅く、医師、看護婦、薬剤師、レントゲン技師に加える衛生検査技師という職種の重要性、将来性を知る人はきわめて少なかったのである。募集の印刷物に私の抱負とK先生との会見記を書き、卒業後の就職も心配がないことなど、自分がK先生にうかがって信じきっているままを確信をもって盛り込んだ。もう募集を開始しなくてはならない時期はとうに過ぎているのであった。すぐ宣伝にとりかかったのであるが、こういうことはすべて潮時というものがあるので、遅れてはいけないと多少あせったむきもあった。しかし、いち早く校内も含めて十五名ほどの志願者を得られる目安もつき、土台はできたと思ったので、とにかく厚生省へ正式の認可申請を出す前にと、報告をかねてK先生のところへ出かけたのである。

素人がよくここまで準備したとほめていただけると思い、また、ふつう以上にご交際も広い方だから、お邪魔になってはいけないと遠慮しながらお訪ねしたのであったが、今日は忙しいからと断られた。でも、ほんとうにそのお言葉通りだと疑わずに、帰ってきてはまた出かけた。幾度か断られても、忙しいのだから無理もないと思い、いつかはお目にかかれると信じきっていたのであった。

日曜ならばと思って、鎌倉の、池の中に釣殿《つりどの》が浮かぶ絵のような立派な邸宅にも、そのほかにあるお住まいにも出かけていったけれど、どうしても面会してもらえず、不安な気持ちがつのっていった。

学校でいちばん大切なのは教授陣容であり、それぞれ専門の方が何人も必要だから、医大のご後援がなくてはとても開校できない。私の今までの知り合いや自分の力の及ぶ方法では手も足も出ないので、ついに私は思いきって厚生省に出かけていった。

担当の係官に、検査技師学校設立の意思があること、設備を調えたことだけを話したところ、「それでは、見にいってあげましょう」と言ってくれた。係官を迎えて、校内を案内したところ、実験室を見ていろいろ質問をしたすえに、「たいへん立派にできています。この種の学校では、東京でいちばんいいでしょう」と言ってほめてくれた。そして、「締め切り日も迫っているので、認可申請書を早く厚生省にお出しなさい。まず東京都の医務課の審査を受けなくてはならないから」

と指導してくれたのである。

元三楽病院長坂本恒雄先生

厚生省の係官は、さらに「どうしても教授陣容が間に合わないときは心配してあげましょう」とも言ってくれたが、私はK先生とのことはひとことも口に出さなかった。事情ありげと察したのか、「なんとしても期限に間に合わせなさいよ」と親切に言ってくれたので、さっそく認可申請書の作成にとりかかり、そして、あとは教授陣の名だけ入れればよいだけに仕上げ、今一度、最後のつもりで先生をお訪ねしたのである。

会ってなんとか言ってもらえれば考えようもあるのだが、依然として来客中とか多忙という理由で会ってはくださらない。ここにいたっては、これは何かごきげんを損じることを私がしてしまって、「もう勝手にしろ」と見放されたに違いないと考える他はなかった。あとで考えたことだが、先生との会見記を印刷にしたことや、設備などをいちいちの相談をせずに急速に進めてしまったことなどが、その原因だったのかもしれない。私は無い知恵をしぼっていろいろ対策を考えたが、なかなか名案も浮かばなかった。

せっぱつまったとき、ふと、坂本恒雄先生にご相談してみようかと思いついた。前述したように、駿河台の元三楽病院長の坂本先生とのご縁は、昔から多少あったのである。国電の駅近くへの移転を考えた私と、看護婦寄宿舎を建設しようとされた坂本先生とが、東京女子高等師範学校跡の同じ敷地の購入を計画し、結局病院側の使者として私のところへ来られた片岡文太郎氏の顔を立てて私が計画を断念した一件であった。

そういう歴史が過去にあったことを思い出した私は、そのころ本校のPTA会長をお願いしていた片岡氏のところへ出かけていって事情を話し、さっそく一緒に文京区西片町の坂本先生のご自宅をお訪ねしたのである。

橋本寛敏先生と長尾優先生

坂本先生は私の話を聞いておられたが、

「それはなんとか考えなくてはならないが、じつは私は検査室や規則のことはあまり詳しくないので、さっそく調べて明日ご返事をしましょう」

とおっしゃってくださった。

翌日、坂本先生から電話があり、「急を要するので、すぐ来るように」との仰せである。先生は、旧友である聖路加国際病院長橋本寛敏先生のところに相談に行ってくださったのであった。お心の広い橋本先生は、「日本の医学界のために有益な仕事だから、計画が実現できるよう力を貸してあげたい」とおっしゃってくださり、「相談するなら、御茶ノ水の東京医科歯科大学学長の長尾《ながお》優《まさる》先生にお願いをしてみたらどうだろう」と教えてくださったそうである。坂本先生は、

「長尾学長は私の親しい友人なのですぐに話しに行ったところ、たいへん良い返事をもらった。

今日、医科歯科大学の医学部教授宮本《みやもと》璋《あきら》先生が生化学教室の坂岸良克《さかぎしよしかつ》先生を連れて、そのことでもう来ることになっている。だからその先生方によく話をしなさい」

とおっしゃるではないか。まことに天佑神助ともいうべきご返事にびっくりするやらうれしいやら、坂本博士邸へ同道してくれた片岡氏も骨を折った甲斐があったと大喜びであった。

天が私にこの仕事をさせようと思えば、最後には必ず道が開けるし、もしも私の考えが間違っていれば恥かきで終わるのである。そう思って行動していたのだが、じつは私の生涯においてこんなに危ない橋はなかったのである。長い一生のうちには何が幸いするかわからないと、つくづく坂本先生との因縁をありがたく思った。

うけたまわれば、長尾学長が若いころドイツに留学されていたとき、下宿の隣に検査技師養成学校があったとのことで、日本では、どうして医者や看護婦に何もかも検査させるのかと考えら

れたそうである。後年、東京医科歯科大学に付属の検査技師養成所を作りたいと計画をして文部省に相談されたが、予算がないからと実現しなかったのだとのことであった。そして、「医科歯科大には医学検査に関連する各科目のエキスパートがそろっているから、島田先生が開く学校に、それらの先生方が出講できるよう、私がとり計らってあげよう」

と長尾学長はおっしゃってくださったとのことであった。

坂本博士邸で、私は宮本璋教授と坂岸良克先生にお目にかかることができた。この宮本教授のご配慮と、坂岸先生のご親切な大活躍のおかげで、講師としておいでいただくおおぜいの東京医科歯科大の先生方の承諾印や履歴書をちょうだいすることができた。また、東京理科大学の基礎学の教授にも講師をお願いし、ついに申請締め切り日の三月十三日午後四時十五分、東京都の医務課経由で厚生省に認可申請書を提出したのである。刻々と迫る役所の終業時間に、ついに書類をとじるいとまもなくかけ込んだのであった。

坂岸先生にお目にかかると、今もよく当時のあわただしいありさまのことが思い出話に出る。「大学の廊下や階段をすっ飛んで歩いて、ちょうどぶつかった某先生に、『あなたの履歴書を貸してくれ!』と、どなったりしましてね」

などと話がはずむのである。

医学技術者養成選科の開校

橋本寛敏先生や坂本恒雄先生をはじめ諸先生方の情けあるご理解とご援助を得て、昭和三十四年三月三十一日に開校認可が下りた。入学志願者も、私の当初予想した以上に全国から熱心な学生が集まり、無事に四月から授業がスタートしたのであった。設立者が医者でもないのに開校を許されたのは全国で本校だけで、東京では、わが文京女学院医学技術者養成選科と、橋本先生ご指導の東京文化医学技術学校（現在の新渡戸文化短期大学）と、北里研究所内の北里衛生科学専門学院（現在の北里大学）の三校が同時に第一回の厚生大臣認可を受けた。「官報」によれば、その年、全国で東京を含めて六校が開校したとなっている。

文京女学院への入学志願者が早くから集まったのは、やはり最初にK先生の談話を要覧に印刷したからだと思う。また、開校の勇気を与えてくださったのもK先生であった。しかし、その後いちいち中途でおうかがいすることを私が遠慮して、ご相談申し上げなかったことに立腹されたのかもしれない。やはり私が遠慮しすぎたのが悪かったのだと思って、K先生ご存命中は人にいくら聞かれても「先生は最初の恩人」と答えるだけで、その詳細は他人には話さなかった。K先生が亡くなられ、青山葬儀所での葬儀に参列してご冥福をお祈り申し上げたあとはこのように発表もしたけれど、寿命の縮む思いとはこのことであろうと思うほど、一時はひとりでどうにもならない心配を重ねたのであった。

医学技術者養成選科の顧問には、当時の東京医科歯科大学の長尾優学長をはじめ、清水文彦《しみずふみひこ》教授、勝木保次《かつきやすじ》教授、宮本璋教授、太田邦夫《おおたくにお》教授、加納六郎《かのうろくろう》教授、柳澤文徳《やなぎさわふみよし》教授が加わってくださり、坂本恒雄博士も同じく顧問として陰に陽に私をお助けくださった。東京医科歯科大学の立派な教授陣なので教育内容が良い上に、各実習病院でも熱心にご指導くださるので、卒業生の国家試験合格率は随一だと言われるほど、一〇〇パーセントのことが多かった。就職も、先生方のおかげで一流病院に続々と決まり、文京女学院医学技術者養成選科（昭和三十七年四月から文京女学院医学技術科と改称）の声価は年ごとに高まっていった。

昭和三十八年には学校を旧追分第三校舎から本郷通り東側の鉄筋三階建て校舎（戦後の復興後初の、例の記念すべき鉄筋校舎）に移したり、全国から集まった入学者のための寄宿舎を建て増ししたりして、忙しい日々が過ぎていった。

昭和四十六年には法律が改正され、新たに臨床検査技師制度が誕生した。これにより、従来の衛生検査技師養成校は、五十年度までに修業年限三ヵ年の臨床検査技師養成校に移行することになった。それまで病院内の検査室の中だけで仕事をしていたのが、より高度の知識と技術を習得することによって、直接病人に触れることができるようになるのである。文京女学院では、移行に備えて、昭和四十七年度から臨床検査技師養成コースを開設し、四十七年度と翌四十八年度の二年間は、「衛検コース」「臨検コース」が併置されていた。臨床検査技師養成コース一本になったのは、昭和四十九年四月からである。

ところで、臨検コースを開設した昭和四十七年は、五月に鉄筋四階建ての新校舎が落成し、旧校舎にも手が加えられて面目を一新するなど、文京女学院にとっては思い出多い年であった。この新築校舎は旧校舎とコの字型につなげて建てたもので、四教室と大実験室一室、助手の小研究室四室のほか、講師室や教務室等も拡充された。

昭和47年5月、従来の医学技術科校舎の南側に4階建ての新校舎が落成

学校教育法の一部が改正され、専修学校制度が新発足したのは、昭和五十一年一月のことである。文京女学院も各種学校から専修学校へと昇格し、同年十一月からは新規定に従って校名を「文京女学院医学技術専門学校」と改称した。

東京医科歯科大学には、昭和三十七年、学内に国立の附属衛生検査技師学校（一九七三年廃止）が開設されたが、私学もあわせ育てる、というたいへん温かいご配慮からずっと続いてご後援をいただいている。入学式、卒業式、謝恩会には欠かさず、坂本恒雄博士、宮本璋教授をはじめ顧問の先生方が主賓としてお祝辞やスピーチをしてくださった。

おふたりが亡くなられた後は、医学部長、学長を歴任された清水文彦教授がご多忙の中を必ずご出席くださり、また、一時は直接学生の授業まで担当していただいたご厚意はひとかたならぬことと感謝している。清水先生は、学長を退官されてから文部省の大学設置審議会会長などの要職につかれておられたが、いつも式には必ずお時間をさいて、温和なお顔を学生たちに見せてくださっているのである。

欧米十四ヵ国視察旅行へ

さて、戦後の復興もようやくかなった昭和三十四年十一月三日には、学園創立三十五周年の記念式典を挙げ、それまで私を支え助けてくださった職員やＰＴＡ役員諸氏に心からのお礼を申し上げることができた。

昭和三十五年六月、仕事が一段落したのを機会に、私はかねてより念願の欧米視察旅行に出ることにした。目の前の雑用に追われてばかりいると、精神的近視眼になりやすい。自分の目で世界情勢をたしかめ、学園の将来にも利する方途を考えたいと念願したのである。

と言っても、現在のようにたやすく海外旅行ができる時代ではなかった。厳しい外貨（ドル）制限のため、一定の目的がないと外貨の枠がもらえなかったし、関係団体の推薦や官庁の許可が必要であった。

この年の夏、ちょうどオランダのアムステルダムで世界教育者会議（ＷＣＯＴＰ）が開かれるので、その会議への出席をひとつの目的にして、欧米十四ヵ国を視察する計画を練った。私は昔から真の旅行はひとりにかぎると考えていたので、欧米へも単身で行くことにした。北欧から入って最後はアメリカまで、当時入国を許されていた主要諸国十四ヵ国を回って、できるかぎりの見学をしたいと考えた。

出発前に各国のすぐれた教育施設などの見学の予約を手配するなど、家族も一致協力して準備をしてくれた。

かくて、六月一日、見送りの人々に手を振りながら、私はひとり羽田から飛び立った。

それから八月十七日に帰国するまでの二ヵ月半以上にわたるこの旅行では、まず北欧諸国の各種の学校を見学するとともに、そのころはまだ耳新しいと言ってもよかった「福祉国家」としての政策に基づくさまざまな施設を見て回った。老人ホームや保育所なども重点的に見学し、将来日本もこのように福祉行政が進めば、多くの保母さんが必要になるであろうと考えたが、このことが後に埼玉県上福岡市（現在のふじみ野市）の校地に保育学校、保母学校を開設するきっかけになった。

デンマークで病院施設を見学する

イギリスやドイツでも、女子教育を中

心に特色ある私学教育の現状を視察し、ドイツではとくに臨床検査技師学校の見学をさせてもらい、大いに参考になった。

アメリカでは、短期大学の定着ぶりに心がひかれた。なぜなら、当時の日本では短期大学はまだ暫定的な存在として一人前扱いをされておらず、「女子短期大学無用論」まで飛び出すありさまで、制度としての短大恒久化など遠いことであった。アメリカにおける高等教育の大衆化を目のあたりにして、女子の短大教育、大学教育が盛んになる時代が、必ず日本にも近々来るとの確信を得たのである。ともかく、日本の女子教育はどうあるべきかを考えていた私には、たいへん有益な旅行であった。

歴史上、かつては栄光の時代があったギリシャやイタリアが、今や過去の遺産の観光に頼って国力が振るわない状態を見るにつけ、やはり正直に勤勉に働き続ける人を育てなくてはならないと、私は自分の信念を再確認もしたのである。

私は帰国するやいなや、またまた学校の将来計画に取りかかった。もし、将来大学を開設するにしても、まず広い校地がなくては許可が下りない。土地の狭いのは、相も変わらず私に常につきまとう最大の悩みであった。

マラヤのラーマン首相に手紙

上富士前町の中学校、高等学校への入学希望者が増加してくると、どうかして広い運動場を与えたい気持ちが起きてくる。上富士前校舎の東隣接地は三菱の岩崎本家の保有地のひとつであった。広大な岩崎家の敷地の東の一画と中央部分には、戦火にもあわなかった二棟の宏壮な洋風大邸宅が偉容を見せていた。学校に近い西側の庭の部分だけでも優に一千坪（約三三〇〇平方メートル）はあり、常に土地さがしに奔走しなければならない私としては、まぶしいような思いでいつもこれをながめていたのであった。

昭和三十七年のある日、思いがけなく、岩崎家がその西側部分一千坪の土地を処分するかもしれないという情報が飛び込んできた。大財閥のご当主と直接交渉などとうていできないので、人を介して岩崎家の意向を打診し、何回も話し合いを続けた。相手方の代理と称する人のところへ、生徒に広い運動場を与えてやりたい一心で平身低頭して何度も通ったのであった。

その間に、私は資金の心配をした。資産家は、きっとわれわれには金の用意がないと思って、預金残高を見せるように言うだろう。利子を払って銀行から借り入れたものも全部一本にそろえて、いつでも総額を支払えるよう用意をしておいた。

ところが、話がある程度進展していたのに、相手側の代理人からの連絡が突然ぱったり途絶えてしまった。訪ねていっても会ってくれなくなり、その間の気苦労は毎度のことながらつたないペンでは表しきれるものではなかった。

そのうちに、当時文京区の目白台にあったマラヤ（後のマレーシア）大使公邸が、首都高速道路五号線の延長工事のため移転しなければならなくなり、その候補地探しで不動産業者がおおぜい動いているとの知らせが入った。もしやと心配した学園側は、毎日登記所を調べたり、さぐりを入れたりしたけれど、岩崎家の大和郷の土地の登記には何の変更もなかった。

しかし、岩崎家の代理人としてそれまで会ってくれていた人が急に私を避けるようになってきたことにマラヤ大使館がからんでいるのは、いろいろな筋の情報から必定と判断し、ついに、その年の十二月三十一日に、マラヤの首都クアラルンプールに宛て、ラーマン首相への直訴の手紙を発送した。学園にとっては、隣接の不可欠の土地であり、公邸用地は都内ほかにも候補はあろう。何とか考え直してほしいと、嘆願におよんだのであった。

広い土地を求めて

年が明けてから、マラヤ政府の外務大臣から返書が届いた。こちらの予想通り、問題の土地はマラヤ大使新公邸用地としてすでに入手済みとのことであり、しばらく内緒にしておくために登記をしなかったこともわかった。

岩崎家としては、学校は騒がしいが、外国大使公邸なら大和郷という第一級の高級住宅地にふさわしく、建物も立派に建てるであろうから、美観上も申し分ないと考えたのであろう。それから間もなく、マラヤ大使公邸の新築工事が始まった。

やはり運がなかったのか。時が来なかったのか。徐々に形が整っていく新公邸の建物や、立派な造園工事。二号館校舎からのぞまれる工事の進捗状況をながめやりながら無念の臍《ほぞ》を噬《か》み、高層アパートなどを建てられるよりはまだましだとあきらめるほかはなかった。私はついで頭を転

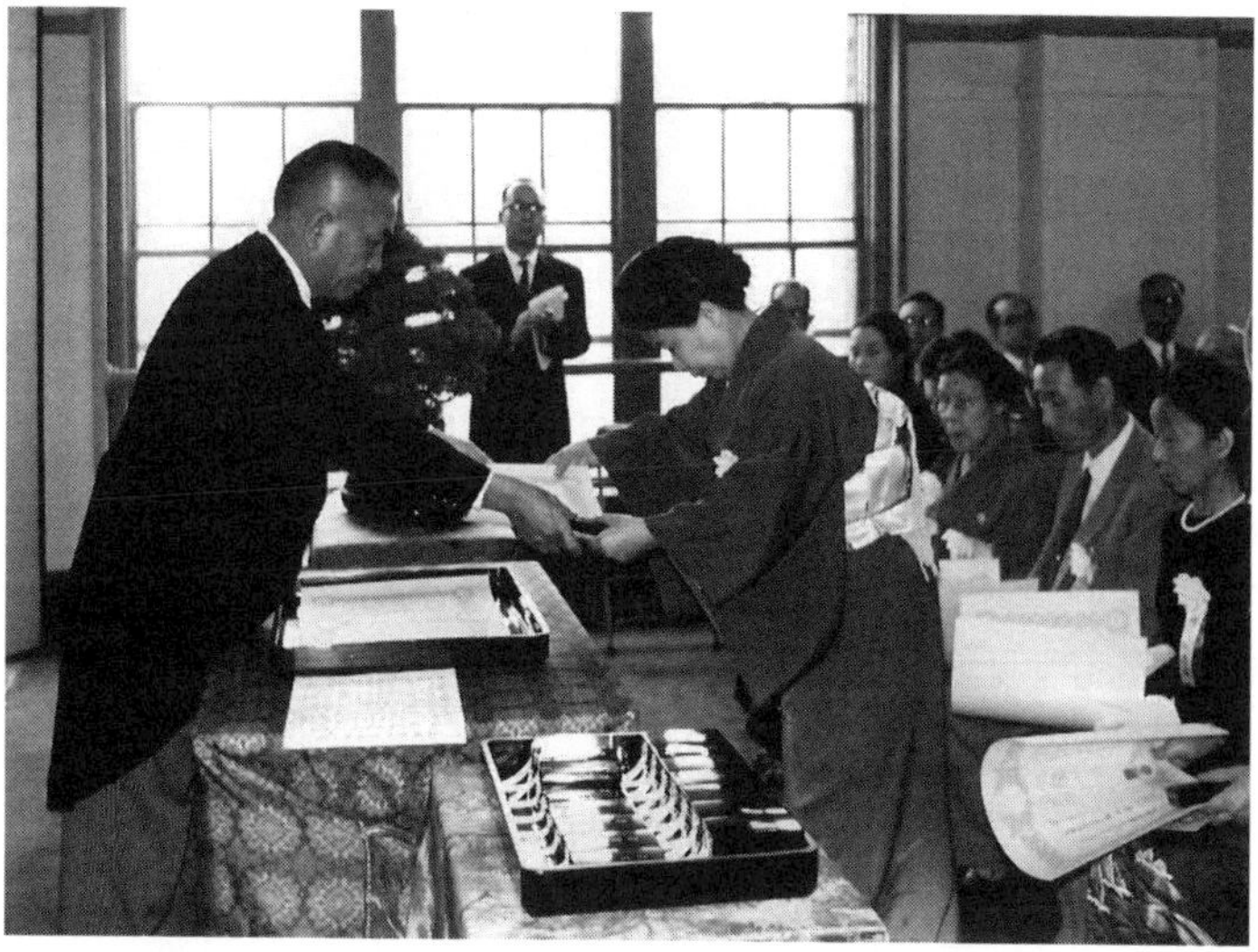

昭和38年6月3日、荒木萬壽夫文部大臣から藍綬褒章の伝達を受ける

換し、せっかく苦心して集めた購入資金をいかに生かして使うかと、必死に考えた。

学校近辺に広い運動場を望むのが無理ならば、思いきって少し離れたところにもっともっと広い土地を求めようと、私は考えを改めた。そして直ちに、郊外に土地を求めて活動を開始したのである。はじめは中央線を、次は小田急線を、そして西武線、東武東上線と、日曜も夏休みも返上して、東京近郊に広がる国鉄、私鉄の沿線を歩き回ったのであった。

私は東京生まれの東京育ちのため、そのほうの知識が皆無で恥ずかしいかぎりだが、農地が簡単には買えないことを知ったのはこのときである。坪数がたとえ少なくても農地委員会の許可が必要であり、一定以上の広さになれば農林大臣の許可を得ることが必要であった。

山地では造成工事が大変だし、平野の畑地だと、所有者である何十人もの農家の人たちを集めて話をまとめるのがじつに困難であり、面倒な仕事であった。とにかく校地拡張の資金を有効に利用しなくてはと、少しでも条件の良い土地を得るために懸命に奔走したのである。

当時、私のように郊外の広い土地に目をつける者がそろそろ増えてきていたようで、私が校地探しをしている間に東京近郊の地価は三倍ぐらいに高くなってしまった。だが、私鉄沿線を歩き回ったこの時期に、私は土地の価格その他、土地に付随するさまざまなことを学んだ。それ以後人と話すとき、その知識がたいへん役に立ったので、何でも勉強しておくべきだとつくづく思ったものである。

国鉄・私鉄沿線に土地さがし

私が第一に望んだのは、国電の便の良いところ、それもできれば中央線の沿線がよいと考えていた。中央線は早くから立川あたりまで発展が進んでいたのだが、さらに先の日野・豊田に大きな団地が建設されて、近い将来の飛躍的な発展が見込まれていた。中央線が八王子や高尾まで延長されるのも時間の問題であり、宅地化の波が郊外の四方八方へと、ひたひたと浸透していく様は、敗戦後の瓦礫《がれき》の山からいち早く立ち上がった日本人の、たくましいエネルギーを象徴しているようにも思えた。

とにかく、私は最初この日野・豊田地区に校地購入の目星をつけて行動を開始した。しかし、役場に関係地主三十余人を集めてもらって買収交渉にこぎつけたまでは順調だったこの計画は、思いがけなく某私鉄大資本に介入されて、結局、露と消えてしまった。

八王子方面はあきらめ、次は小田急沿線に行ってみたが、こちらはすでに東急の大規模開発により宅地化が進み、丘陵地帯は別として平坦地に広い土地を求めるのは無理と、これも見切りをつけた。その直後、横浜方面の新興住宅地で土留めが崩れて大被害があったという新聞記事を読み、土地造成のこわさを知った。丘陵地ではそのような苦労がたいへんであるし、農地は転用の許可を得ることが困難だった。それでは丘陵地帯でも農地でもない平地林を探せばよい、という結論となって、今度は西武線と東武東上線の沿線を探すことにしたのである。

西武線沿線は、新宿線・池袋線ともに、名にし負う堤康次郎《つつみやすじろう》社長の西武グループが開発を早くから計画し、ひばりが丘をはじめ、清瀬・東村山方面までニュータウンの建設が進んでいたが、東上線沿線は未開発の地域が多かった。東上線各地を回ってみて、私は、今後の発展が見込まれるこの沿線に校地を定めようと心に決めた。

動きだす地方議員

それまであちこち歩き、または、いろいろな方々のご協力も得て車で飛び回った距離は、のべにするとたいへんなものであった。首都圏の大半を見て回ったと言っても過言ではなかった。

さて、文京学園が土地を探しているという情報が、いつの間にか、私たちが動いた地元の人の耳に届いたらしい。高校急増対策の声が高かったときだけに、「高校を建ててくださるのですか」と聞かれるのはまだしも、地方議員が勝手に解釈して学校誘致に動きだしたのには困った。たしかに、高校進学者の急増期に新しく高等学校を設立すれば、その時期だけは志願者が殺到するかもしれない。しかし、私は、そんなことにつられて学園の高等学校を増設しようとは思っていなかった。どこか広々としたところで生徒たちにのびのびと運動をさせ、スポーツを楽しませてやりたい一心であった。

それに、先生方の努力が実ってそのころ全国的に名声をあげてきた本学園中学・高校の鼓隊部が、あたりから苦情を言われずに練習できる場所を探してやりたかったのである。

川越市をはじめ、さらに坂戸・鶴ヶ島・毛呂山《もろやま》方面にまで足を運ぶこと十数回、買収交渉はまとまりかけたり、また壊れたりのくり返しであった。ようやく、東上線上福岡駅から川越街道を越え所沢方面へかなり入った奥のほうに、可能性のある適当な平地林が見つかり、業者にそれをまとめる交渉を委託した。

東武鉄道根津社長

三万坪(約九万九〇〇〇平方メートル)を当方の予算内で話を進めてもらうことにしたが、予定地内の何人かの土地所有者から、どうしても替地がほしいと言われ、これが探しきれずに交渉はまたも停滞した。私の頼んだ仲介者が替地について役場に相談をしたことから、またまた学校ができると騒ぎが広がった。妨害して中間でもうけようとたくらむ者が現われるやら、「取引はぜひ当銀行で」と預金獲得に躍起の地元の各銀行員が私宅にまで来訪するやらで、話は思わぬ方向へとそれていった。

ひとりで三万坪からの土地を持っているような人は、まずいない。広い土地をまとめるには、何人、何十人もの所有者を説得せねばならぬ。やっとある程度まとめ、価格が決まっても、その中心あたりの所有者が首をタテに振らなければ、結局価格も次々とせり上がり、最終的には壊れてしまう。

いっさいそういうことのないようにと仲介者に念を押したにもかかわらず、それを守りきらなかったゆえの結果なので、相応の謝礼を仲介者に払い、良い土地ではあったが私は未練を持たずにこの話を打ち切った。この一件で地元の政治家に介入されることや、それらの人々とつながりができることを、これまでの経験からきらったせいでもあるが、予算にも限度があり、土地の利用計画も具体案が確定していなかった。

とにかく、時勢の進展をじっくり見定め、財政上も極端な冒険は避けなければならないのに、役場の人や地元に見当違いな期待を持たれるのは迷惑であった。ひそかに学園のものとして買収し、熟考した上で結論を出すまでは、運動場だけにしておきたいと思った。土地買いのむずかしさにほとほとくたびれたころ、たまたま耳よりな情報が入った。

それは、東武鉄道株式会社の社長、根津嘉一郎《ねづかいちろう》氏が、誰かしっかりと私学を経営している人に東上線沿線の社有地を売りたいと考えている、という話であった。そのころ、沿線の志木周辺に立教高校や慶應義塾高校が建設され、たいへん地元の評判もいいという。根津氏自身、武蔵大学等教育の仕事に経験のある方なので、学校を誘致したいと考えているようであった。

私は、相手が根津社長ならば安心できると思って、すぐに紹介者ともども東武鉄道の本社へ出かけていった。土地は立派な所有者から買うべきであるとの私の信念通り、これこそ一大福音であると私は考えたのである。

上福岡に一万五千坪を購入

私は期待を抱いて墨田区の東武鉄道株式会社本社へ行き、直接根津社長に会い、重役たちとも話し合った。それまで苦労をしてきたかいあって、そのとき私は首都圏の土地に対する知識には十分の自信があった。東武の幹部たちも一度で私を信用してくれたのである。

まず、東武の開発関係図面を見せてくれたが、そこも歩いた、ここへも行ったと私が言うと、先方もそれまでの苦労を評価してくれ、また、価格を聞いても妥当性がすぐ判断できるだけの感覚を持っていたので、かえって先方が驚くほどであった。いやな思いをしながら長期間かかってむだ足ばかりしてきたとうんざりしていたが、骨折りは立派な経験として、私の知識を豊富にし、役立ってくれたのである。

結局、東上線沿線の二ヵ所の社有地を見せてもらいたいと頼み、翌日現地を案内してもらうことになった。そのうちの一ヵ所が現在の上福岡約一万五千坪（約五万平方メートル）のわが校地な

学園待望の広大な郊外校地ついに実現、ブルドーザーの轟音も高く、グラウンドの造成工事始まる。埼玉県上福岡（昭和38年7月）

のである。

この土地の価格は、前述したその奥の、話が進みかかった土地のちょうど二倍であった。前の話の土地なら三万坪買える資金で、半分の面積しか買えなかった。しかし、環境もよく、上福岡の駅にも前の土地よりよほど近いので、発展の早いことが予想された。そのときの準備金を全額投入して、つまり駒込上富士前の学園隣接地一千坪（マラヤ大使新公邸）の土地代金とほぼ同額で、十五倍の土地を校地として買収したのである。昭和三十八年七月のことであった。

文京短大付属第一幼稚園開園

上福岡の校地は、そのうちの約五千坪（約一万六五〇〇平方メートル）はグラウンドを造成するためにやがて林を伐採し、整地をすることになった。そして、昭和四十年十月二十三日には、ここで学園の大運動会が開かれたのである。広々とした学園所有の運動場での、感激の運動会だった。天気の心配はしても、借用のための「抽選」がない、自前のはじめての大運動場であった。休憩所の建物や手洗所も必要なので、比較的資材の良かった木造の追分第三校舎を解体して、上福岡の校地に移築した。

もともと川越街道の東側は、上福岡駅を中心に団地の建設も進み、立派な街になりつつあったが、街道の西側は発展が遅れていた。その当時は、上福岡駅から川越街道に至る道路すら舗装されておらず、途中には青果市場がひとつあるきり、校地周辺といえば、すぐ前に日本楽器製造（現ヤマハ）の工場があるだけで、あたり一面一軒の人家もない、見渡す限りの武蔵野平地林だったのである。

しかし、わが学園の校地周辺にはその後驚くような勢いで住宅が増え続け、所沢線のバス通りから校地入口までの通りには商店がにぎやかに軒を連ねて、その周辺は学園団地と称するまでになった。東京の人口が急激に増加し、多くの人たちはこの時期、マイホームの夢を郊外に郊外にと求めるようになってきたのである。上福岡は東京のベッドタウンとしての性格をおびて、急速に発展しつつあった。

そのうちに、地元住民からの強い要望があり、大井村（現在はふじみ野市大井）役場から正式依頼を受けて、まず幼稚園を設置することになった。昭和四十一年四月一日に「文京短大付属第一幼稚園」が開園したのである。上福岡地区の人口が増加するにつれて入園希望者も多くなった。当時、入園願書受付開始の朝など、あたりがまだまっ暗な五時ごろからおおぜいのご父母が列をつくり、その朝のうちに受付を締め切るありさまであった。保育室も年ごとに増築の必要に迫られ、体育館も建てた。

その後、さらに教育環境をすぐれたものにして内容的にも高めるべく、昭和五十四年四月から大林組の施工で建設を始めた鉄筋コンクリート造り二階建て、延べ面積約四百四十八坪（約一四八〇平方メートル）、十二教室の園舎は、八月末に落成した。新園舎は武蔵野の豊かな緑を背にしたスマートなつくりで、かわいらしい子どもたちが明るい保育室やベランダをにぎやかに走り回っている。

文京女子短期大学開学へ

何回もむだ骨折りをくり返したあげく、やっと上福岡に念願の広々とした校地を入手して、大グラウンドも造成し、本学園ふたつ目の幼稚園も開園した。このころの時代は、戦後の不安定期もようやく収まり、日本の経済も復興から高度成長へと向かいつつあった。家庭では子どもを高校からさらに上級の学校へ進学させたいという考え方が次第に増えてきていた。

これは、元来、日本人が教育熱心なことにもよるが、世の中が池田勇人《いけだはやと》首相の所得倍増政策以後、高度経済成長と呼ばれる収入増時代に入ったためでもあった。インフレの悪影響があるとはいえ、その恩恵を受けた階層が広がり、子どもの将来の生活の安定のためには、財産を残すよりも子ども自身に学力、学歴をつけておくほうがよいと考える人が増えてきたのである。

一般の教育熱の向上とともに、大学進学者の数も年々増加の一途をたどった。本学園高校でも、卒業後大学へ進みたい希望者は増える一方であり、このままでは近い将来、その進路が急速に狭くなるのは明らかであった。このような時に臨んで、私は、追分校舎を全面的に建て替えて短期大学を開設し、時代の要望に応えられるような高度の女子教育をやってみたいと考えたのである。

わが学園発祥の地・本郷追分校舎は、生徒のほとんどが上富士前校舎に移り、医学技術科や高等学校商業科の校舎として使用していた。当時は本郷通りをまだ十九番の都電（路面電車）が通っており、将来バス路線に変わるにしても、国電御茶ノ水駅や駒込駅へ出る便だけは確保されるはずである。国電の駅から乗り換えの必要はあるとはいえ、中学や高校と違って、短大であれば必ずしも毎日朝早くから登校しなくてもよい。それに、なんと言っても、最高学府の東京大学を目の前にした、文教地区としての環境の良さがある。

せっかく上福岡に新校地ができたのだから、その広い土地に理想的な短大を建設してみようかと考えたこともあった。しかし、都内の交通の便の良いところであればこそ、いろいろな分野のすぐれた先生方をおおぜいお迎えすることもできるのである。環境の良さは別として、本郷追分は立地条件は完全とは言えず、校地も狭いけれども、私はこの場所に短期大学を創設しようと決心した。

地下一階地上八階の短大校舎建築

短大創設の方針が決定し、その見通しのもと、昭和三十七年十月二十三日、学園創立三十八周年を祝すると同時に、本郷通りに面する木造第一校舎（昭和十六年落成）を取り壊した跡地に、短大校舎新築のための地鎮祭を執り行った。三十九年秋までに竣工させたいと思ったのだ。昭和三十九年が本学園の創立四十周年にあたるので、上福岡の校地拡張と短大設置をその記念事業とすることになったのである。

短期大学校舎は、当時の建築基準法による高度制限いっぱいの地上三一メートルの高さ（かつての東京駅前の丸ビルと同じ）で、地下一階、地上八階建ての鉄骨鉄筋コンクリート造りとした。この建築工事に際しては、戦争中に造った大防空壕の底辺まで基礎を掘り下げる必要があったので、予想以上の大工事となった。

一階の玄関入口の壁面は、女子教育の場にふさわしく、本学園中学・高校に以前講師として来ていただいていた日展画家の飯田満佐子《いいだまさこ》（画号東籬《とうり》）先生にお願いして、富士と桜を象徴するすばらしいデザインのガラスモザイク画で飾ることにした。設計・施工はともに大林組に依頼したが、限られた条件のもとで最大の建築効果をあげようと、連日連夜、設計部とプランの練り直しを重ねた。

一階には応接間を兼ねた学長室と事務室およびロビー、それに地階から吹き抜けの大きな学生

建設が進む文京女子短期大学校舎（地下1階、地上8階。昭和38年1月落成）

食堂を造ったが、この食堂は後に改造し、図書館に生まれ変わった。エレベーターと湯わかし室、手洗所は、各階の中央部分北側にまとめた。

二階から六階までが講義室だが、五階には教務室や保健室のほかに、教授研究室も用意した。また、六階には六十四ブースをセットした本格的なＬＬ（語学学習）教室を設けたが、英語英文学科のスタートにふさわしい最新式の機器を導入し、雑音や精密機器がきらうほこりの防止対策など、設計の中でも苦心を要した。七階と八階は吹き抜けにして舞台付きの大ホールとし、入学式などの行事、集会や著名人を招いての講演会などもここで開けるようにした。

世界的視野に立つ豊かな教養と知性を備えた女性を育成したいと考え、英語英文学科をつくることは早くから決まっていた。世間では、私なら家政系の短大をつくるのではないかと思っていたようである。経済学博士大野信三《おおのしんぞう》先生を最高顧問とする短大設立準備委員会が設けられ、慎重な討議が重ねられていった。

文学コースとビジネスコースのふたつのコースを設けて、英語英文学の教養を深めると同時に、実業界と直結した高度の実務教育を採り入れることとし、また、四年制大学の第三学年への編入も可能なように学科目配置を工夫した。卒業後実社会に出る者のために、英文タイプや英語商業通信文、秘書実務、事務管理など、ビジネスに必要な多彩な学科目を選択制で取れるようにした点など、きわめてユニークな英語英文学科のカリキュラムが練り上げられていった。

内外からの要望に応えて、中学校英語二級教員免許を取得できるように教職課程を設けたのは開学後だったが、共立女子中学校のご承諾を得て、本学園の中学校と合わせて、教育実習校とした。

昼夜兼行で申請書作成

こう書いてくると、短大設置はいかにも簡単なようだが、実際に取りかかってみると、これはじつに大変なものであった。だいいち、わが短大の設置予定地には、書類上は文京学園女子中学校があることになっており、まずこのことから片付けなくてはならなかったのである。

短期大学の認可申請は、例年、開学予定学年度の前年九月末日が締め切り日となっており、認可申請書提出以前に、中学校移転について東京都学事部の了承を得なければならない。我慢に我慢をした大和郷問題からすでに十年近く経っていて、当時を知っている役所の人たちもそれぞれ要職に栄進しており、その後も懸命に努力を続けている私に対し同情的な見方をしてくれていたのはありがたいことであった。

文京学園女子中学校の上富士前校舎への移転は、この短大設立を契機として、ようやく学事部より正式認可を受けたのである。十年ぶりにさっぱりすることができた。じつに紆余曲折《うよきょくせつ》さまざまな、長い道程であった。

大学設置には、(1)校地校舎、(2)資金財政、(3)教授陣容、(4)図書備品などの準備が必要で、その審査はまことに厳重なものであった。どれひとつとっても容易ではない仕事であり、最高責任者の理事長は、過労、心労で病気になり、命を失う人さえあると言われ、事実そうなってしまった方を私自身の身近に知っている。

わが学園にとっても、この申請書作成のための準備と作業はひと通りの苦労ではなく、短大校舎建設工事中のため本部事務局も設けられないので、当時の東片町の私の家が昼夜兼行の設立本部となった。幾晩徹夜したかわからないほどであったが、約一年半、家族も事務の担当職員も、一丸となってこのことのために献身的に働いてくれたのである。

厳しい審査

教授陣容を整えるための奔走は、実際、学園として未経験のことだけに大変であった。この件については、文京女子短期大学顧問の大野信三博士のご尽力が大きかったことを、特筆しなくてはならない。苦労の甲斐あって、練達あるいは新進気鋭の立派な教授陣がそろったことは、「教育は人なり」で、まさにありがたいことであった。

図書も、規定以上にそろえることができた。校舎はまだ建築途上であったが、図書館だけ先に仕上げてもらい、スチール書架に次々と本を収納していった。審議会委員の視察があったとき、「これは四年制並みにそろえましたね」と言われたほど、それぞれの分野の基礎的なもの、重要なものをもれなくリストアップして購入した。実地審査のときは、もちろん、まだ開学認可になっていないのだが、本はすべて「文京女子短期大学」の蔵書印を押して整理されていなくてはならないのだから、文字通り背水の陣である。

厚さ一二センチにも達する短大設置認可申請書をいよいよ文部省に提出し、書類審査が一応パスしたところで、大学設置審議会と私立大学審議会のふたつの文部大臣諮問機関の二度にわたる視察を受ける段階を迎えた。時の審議会の委員であられた三輪《みわ》知雄《ともお》東京教育大学（後の筑波大）学長、古田《ふるた》重二良《じゅうじろう》日本大学会頭、中原爽《なかはらそう》日本歯科大学長（当時、日本歯科医師会会長）そのほか、大学関係の権威ある先生方が文部省係官とともにお見えになって、学内の諸施設の調査はもちろんのこと、教育方針、学科内容、経営面などに関して細かい質疑応答がなされた。

駅弁大学と皮肉られるほど、戦後は各地に大学がつくられたが、新設された大学の内容や運営については、新聞沙汰になるようなこともしばしばあったから、審査は徹底したものであった。図書館の本も一冊一冊手にとって、蔵書印も確かめられた。洋書、和書とも丸善を通じてほとんど新刊でそろえたが、入手しがたい価値ある既刊図書は神田の北沢書店などから古書で購入し、また、外国から未到着の分は、注文請書《ちゅうもんうけしょ》をもって代わりとした。

余談だが、このとき、ひと並び一列だけ、全部ハトロン紙でおおわれた書架があった。当然それは審議会委員の目にとまり、「この中の本は、なんですか」と質問を受けた。

「あれは前からあった高校用の古い書籍で、いずれ向こうに持ってゆくものです。辞書類や小説、全集物などですが、短大用として新規に買ったものではないので、お見せするまでもないと思い、区別しました」

との当方の答えに、委員の先生方は非常に驚かれた様子だった。それまで、多くの大学の新設にかかわる審査のために全国を回ったが、中には知人の蔵書家や古書店から一時借りてきて基準の冊数に間に合わせようとしたり、蔵書数を少しでも多く見せかけようとしたりする学校は珍しくないが、こちらのようにわざわざ正直に直接関係のないものを区別して隠す学校など前例がありません、と言っておられた。

この一件は、「一事が万事」というわけで、委員の方々の心証を非常によくしたようであった。それから後は、きわめて好意的なうちとけた雰囲気で審査が進んだ。これはじつは、当日、委員到着の直前に、「不誠実と疑われかねないようなことは、いっさいしないほうがよろしい。あえて、これを隔離しよう」という和幸の強い主張による処置であった。当時、短大設立準備委員のひとりとして、和幸はもっぱら建築関係と渉外に当たり、数ヵ月の暑いさなか、車の走行距離数千キロに及び、二本のズボンの尻が抜けたほど、昼夜をわかたぬ東奔西走の連続であった。

一回で審査に合格

　さて、上福岡の新校地も視察するため、他日、現地へご案内した。グラウンドの整備や、ある程度の付属施設、水道工事などもすでに進んでいた。

「たいへんきちんとしていてよい。地方の申請校へ行くと、この山一帯が校地です、などと言って、どこが境だかわからないような林の中へ案内されたりします」

　と言っておられた。大学設置には、都内で認可を受ける場合、基準に達するような校地はとても確保できないから、その中心校地のほかに、一時間程度で行ける地域に広い校外校地が必要である。上福岡の校地が入手できたことは、じつに幸いで不可欠の要件であった。

　文京女子短期大学の開学については、大野信三博士のほか、私の母校共立の学園長・鳩山薫先生や、古くから親しいお付き合いをいただいていた、元最高裁判事で、当時は明治大学理事長の長谷川太一郎《はせがわたいちろう》先生も顧問になってくださった。教授陣容などもすべて文部省の専門分科会の審査に合格し、昭和三十八年の暮れも押しつまった十二月二十五日に認可の内示があり、明けて一月二十五日、正式の認可書をいただいたのである。認可前には一切の募集行為はできないので、三月までの三ヵ月しかない学生募集に間に合わせるためにも、一回だけで審査に合格できたことは望外の幸せであった。

　ここまで来るだけでも、陰に陽なたに学園関係者はじめ、娘の学校に短大ができるということでご父兄のご協力も大きかった。人の考えはさまざまだから、当時、部内には大きな資金を要する短大設置に批判的な人もいたようだが、今では短大のあることが学園全体にとってどんなに大きなプラスであるかを、皆が理解してくれていることと思う。お世話になった多くの方々に、心から感謝をしている。

10 おわりに

大和郷問題が大団円

話が前後するが、昭和三十五年に私が欧米視察旅行に出かける前のことである。上富士前の中学・高校敷地にこれ以上校舎を増築するのは隣家のY氏に申しわけがない。しかし、学園としては特別教室の拡充に迫られている。もし、Y氏がまげてどこか適当なところへ移転をお考えくださるならば、最大限の誠意をもって、それにお応えしたい。留守中にぜひ、それをまとめてほしいと、私は大林組顧問のM氏に頼んで出発した。帰国後、残念ながら話は進展しておらず、再々度のお願いも聞いてはいただけなかったので、やむなく私は、一号館につなげて特別教室の建物を増築した。

その後、「Y氏説得のためにも、近くの土地約五百八十坪（約一九一七平方メートル）を買っておいたほうがよくはないか」と、また土地買収の話が持ち込まれた。Y氏が大和郷内でなければ移転しない、と言われた場合のことを考え、上富士前校舎から一〇〇メートルほど西へ行った三方道路角地のその土地を、難儀な交渉の結果、学園のものとした。結局、それとY氏の土地との交換の話は進まないままになってしまった。現在テニスコートと第二調理室として使用しているのが、その土地なのである。

それから何年かが過ぎて、今度はY氏のほうからついにご理解の意向がもたらされ、PTA役員野本リセさんが仲介の大役を果たしてくださり、先方に満足していただけるような計らいをしてくださった。私も改めて、「長年、生徒がやかましくて、まことに申しわけありませんでした」とお詫びに参上した。

Y氏には、ご夫婦のお住まいと、令息ご夫婦、令嬢ご夫婦のそれぞれのお住まいをお気に召すところに建てていただき、「島田先生も、いろいろ大変でしたね」というY氏の言葉とともに、まことに円満に感激の握手をすることができた。昭和四十三年六月のことである。万感胸に迫る、Y氏邸内ロビーでの会見であった。このように事態が好転したのは、Y氏の令嬢がお父様を説得してくださったためであると聞き、深く感謝をしている。昭和五十三年二月落成の新本館は、この土地に建設されたのである。

かくして、昭和三十一年五月以来、二号館建設に端を発し、新聞や週刊誌にまで書き立てられた大和郷問題も、十二年の歳月を経てついに大団円を告げた。

ついに最乗寺別院の土地を校地に

昭和五十一年は、私にとって、また、ひときわ思い出深い年となった。この年の六月、長年の努力の甲斐あって、ついに、短大の北隣に接する大雄山最乗寺東京別院の土地を、お譲りいただけることになったのである。本郷通りに面した約四百八十六坪（約一六〇七平方メートル）が、文京学園の校地として自由に使えるようになったのであった。替地として当方が用意した二ヵ所のうち、交通の便に恵まれ、二方が道路に面した地形の良い文京区白山五丁目の土地を気に入っていただき、移転してくださることになった。何年もかけて候補地を物色した結果、あるいは結びつかないかもしれないと思いながら求めておいた、さる由緒ある寺院の跡地であった。

昭和五十一年七月二十日、大安吉日のこの日、大雄山最乗寺東京別院新築のための地鎮祭が、移転先の白山でおごそかに挙行された。そのおめでたい席に私もご招待を受けたのであるが、あいにく病気のために参列できなかった。副校長の和幸と石山幸市本学園参与に代理として出席してもらい、あとで、式の模様を撮影した写真を私は病床で見、話を聞かせてもらった。

大雄山の山主であられる乙川瑾映《おとがわきんえい》師（後に鶴見の大本山總持寺管長）をはじめ、一山の長老禅師方や信徒代表、その他最乗寺ゆかりの方々が見守る中で行われた鍬《くわ》入れの光景などを写したスナップ写真をながめ、ふたりの説明を聞いているうちに、私の脳裏には、四十数年来、苦労を重ねながら実を結ばなかった土地譲渡交渉のさまざまな場面が、昨日のことのように鮮《あざ》やかによみがえってくるのであった。

乙川瑾映山主

最乗寺別院の土地譲渡に関する戦前の苦い思い出は、前に詳しく書いたが、戦後間もない三十数年前にも、当時ＰＴＡ会長に就任していただいたばかりの片岡文太郎氏に最乗寺側との交渉をお願いしたり、信徒総代の方のところまで話を持っていったりしたこともあった。しかし、中間で反対する人が出たりして、そのむだ骨折りは、断続的とはいえ昭和五十年ごろまで続いていたのである。追分校舎を短大校舎として建て直す際にも、日当たりが悪くなっては申しわけないので、なんとか土地を交換していただきたいと懇願したが、やはり不成立に終わってしまった。

昭和五十年代に至り、徳の高いお方が新しく大雄山の山主になられたと知って、私の心はまたもや交渉成立への希望と意欲に、強く突き動かされたのである。そして、今度こそはその運が開けて、私は新山主の乙川瑾映師はじめ、豊田紀綱和尚など役僧の方々にお目にかかる機会に恵まれ、幾度かの折衝のすえ、替地として用意しておいた土地にご案内するまでに進展したのであった。

大雄山ご関係各位のご意見が、東京別院の白山移転にひとつにまとまってくださったのは、乙川瑾映山主様のご英断と、教育の仕事に対する深いご理解の賜物である。また同時に、私が積み重ねてきた過去のいろいろないきさつを知って、深いご同情をお寄せくださったからであると思う。長い果てしないような道のりであったが、努力に加うるに、神仏のご加護をいただいたと、しみじみありがたく感謝している。

また、仏教関係紙『中外日報』の社長本間昭之助氏が私の今までの苦労を知って、絶大なるお力添えをしてくださったことにたいして、心から感謝申し上げる。

短大校地がさらに拡張

文京女子短期大学（現在の文京学院大学）の場所に中学・高校があった当時、その狭さを解決するため南隣の鹿児島奨学会学生寮用地を譲り受けたいと交渉を重ねて、結実しなかった話は前に書いた。前述のように、そのとき替地として見つけた場所が、現中学・高校校地である。

この時点で、もし交渉がまとまっていれば、あの、環境、交通の便ともすぐれた場所に、わが文京学園中学・高等学校（現在の文京学院大学女子中学校 高等学校）は存在し得なかった。また、追分校地に、中高に合わせて短大の許可など得られるはずもなく、したがって文京女子短大も、現在地には存在し得なかったことになる。

運命とは、なんと不可思議なものであろうか。必死で漕《こ》ぎ抜けてゆく波乱万丈の変遷の中に、真実の光に照らされた天の道があるのかもしれない。

昭和三十九年に短大が開学したが、中心校地が十分でないことは、周知の事実だった。設置認可をいただいたご信頼に応えるためにも、少しでも校地を広げようと、その努力はやむことなく続けられた。年に一個、というようにそれでも実はみのり、水が浸み出るように、少しずつ、周辺に校地は増えていった。

短大八階校舎の真南に位置する「財団法人鹿児島奨学会」の土地は、面積約九百四十八坪（約三一三四平方メートル）、すでに述べたようないきさつもあり、半ばあきらめてはいたが、校舎の上から垂涎三千丈の思いでいつもながめていたのであった。

日当たりの良い既設のテニスコートもあり、あそこを短大の学生たちに使わせてあげられたらどんなに喜ぶだろうかと思いはあっても、明治以来の伝統の重みと「敷居の高さ」は、つい私の姿勢を弱くした。

青雲の志を抱いて郷里・鹿児島から上京し、この学舎で過ごした数多くの若きエリートたち。日本の政、財、官界、あるいは芸術文化と、あらゆる分野に及ぶ出身の方々の知名度は高く、その青春時代の思い出が、壁に柱に刻まれているであろう学舎を、文京学園（現在の文京学院）に譲っていただきたいという交渉は、当然ながら至難のものであった。

ここは、そもそも近代日本の建設に大きな使命を果たした薩摩藩が、新政府発足後、若い有能の学徒を育てるため、明治三十七年「島津奨学資金」をおこし、育英事業が創設されたのに始まる。かつて、「陸軍は長州、海軍は薩摩」と言われたように、旧海軍における東郷平八郎《とうごうへいはちろう》、山本《やまもと》権兵衛《ごんべえ》、広瀬武夫《ひろせたけお》などの例を引くまでもなく、その人材輩出の華麗なること、おそらく同県出身の方々の強く誇りとされるところであろう。

しかし、時の推移とともに、この育英事業を新時代に沿うような形に脱皮させたいと、理事の方々のお考えも変わりつつあったようで、それに呼吸を合わせられなかった私も不明であった。

突如、奨学会の移転計画と、跡地へ高層合同住宅を建設するとのうわさを耳にしたときの驚《きょう》愕《がく》は、ひと通りではなかった。

時すでに遅く、大会社によるこの計画、交渉は、引き返しがたい段階にまで進展しており、十数階の高層大建築の陰に、わが短大は没せざるを得ない、まさに風前のともしびであった。

その後、この問題が、いかにして大転換を遂げたか。関係する多数の方々をいっさい傷つけることもなく、最終的に学園の校地になったわけだが、その詳しいいきさつを語るには、いましばらくの時間がほしい。

多年の宿願が実り短大本部校舎の南側に拡張された新校地とテニスコート
（鹿児島奨学会跡地。昭和52年10月20日）

この仕事を実際に担当して、不可能を可能にせしめたのは、和幸であった。一進一退をくり返し、あるいは断念か妥協の瀬戸際に立たされたことも幾度か。

狭いところから、私は学校をおこした。校地拡張の問題を常の悩みとしながらの生活を私と共にして、和幸はいつか老いた私に代わって、その大役をりっぱに果たしてくれた。

目前に、交渉のヤマがどうにか見えてきたころ、

「同学舎が、すでに学園のものとしてきれいに整備され、本館とつなぐブリッジも完成したのを、自分が短大の上のほうからじっとながめている夢を見た」

と和幸が述懐していたが、苦労のほ

どが私にはよくわかった。

昭和五十二年十月二十日、譲渡契約書の正式調印は、丸の内の日本倶楽部楼上の一室において、中村奨学会理事長と和幸との間で行われ、夢は正夢となった。

創立五十五周年を前に、私が生きているうちに何十年来の宿願を達成してくれたのは、なんともありがたいことであった。

私も後に、奨学会の中村理事長をはじめ、役員の方々、そしてご理解とお力添えをいただいた多くの関係者のところへお礼のご挨拶に出向いた。いずれも、教育の仕事に対する深いご配慮をいただいた結果に他ならない。私は、来《こ》しかたを憶《おも》い、感謝と感激の涙をしばし禁じえなかったのである。

鉄筋三階建てのしっかりした建築であった奨学会の建物は、全面的に改装工事を施《ほどこ》して、すっかり生まれ変わった。短大本館とは高架廊下で連結し、南向きの各室を一人一室の専任教員研究室に当てたので、先生方から大いに喜んでいただいた。また、南面は舗装してテニスコートとし、以前からある鉄筋三階建ての校舎（現南校舎）の九教室も新たに改装して、渡り廊下でつなげることもできた。

本館、体育館、新館のラウンジや大講義室とも連絡が自由にできるようになって、過去からの布石がこれですべて生きることになった。新体育館も、一部に残されている問題をなんとか一日も早く解決して、建設したいと考えている。わが短大も、いよいよ、内容の充実にいっそう専念するときが来たのである。

どなた様にも心から感謝

　大正十三年四月に、東京市本郷区駒込追分町の一隅にささやかな私塾を開き、女子教育の道を歩み始めてから、今年で満五十五年になる。教員の資格だけは持っているものの、一度も教員勤めをして教壇に立った経験のない身で、学校を開くなど、いささか無謀だったには違いない。困難を恐れずに自らの信ずる道を邁進することができたのは、人の世の仕組みや複雑さを知らぬ若ものの生命力、行動力があったればこそであろうか。

　五十五年の来しかたをふりかえってみると、しっかりした後ろだても、財政的な基盤もなく出発した身にとっては、校地校舎の拡張や、在来の考えかたを脱皮した新機軸の教育構想を形にしようと計画するその時々が、常に心身を削る真剣勝負そのものであった。一時の思いつきや、ひとりよがりが許される余裕はなかったのである。

　人が五年かかるところは十年かけて一歩ずつ前進することは、もとより覚悟の上であり、ひと足踏み出すにも納得のいくまで熟慮研究し、おこがましいようだが、先輩諸兄姉の模倣より自らの創造をと、常に心がけてきた。

　人間、なんでもひとつの事業に取り組むには、時代を先取りするとぎすまされた感覚が必要である。しかし、十年ひと昔と言われたテンポの遅い時代でさえ、数年先の世の中の動向を予知するのは、けっしてやさしいことではなかった。まして、日々刻々と世界情勢が変化し、社会の変

昭和54年2月18日、喜寿を迎え、お祝いとして後援会から肖像画、生徒会からはカーディガンなどが贈られた

遷がめまぐるしい現代においては、二、三年先を見通すことさえ至難のことといえよう。

とはいえ、困難を押しのけて、あえて自分なりの判断を下す勇気を持たねば、前進はできないものだ。考え、試し、そしてまた、考え、試してみる。それを積み重ねながら、今日まで歩みを進めては来たのだが、教育と学校経営とは、両輪ながらきわめてむずかしい主題である。

ひとりの人間が、それぞれの責任者である校長と理事長というふたつの職責を全うさせることの困難さを痛感することが、いかに多かったことか。

私を慕って集まってくれた生徒たちは、必ずしも、青年期の心の成長が順調につちかわれた者ばかりではなかった。いずれにしても、大切な子女をお預かりする以上は、ひとり残らず、親の期待に応え、そして、喜んでいただけるように指導しなくてはならない。

課せられた使命を夢にも忘れることのできない立場にあって、見上げるような絶壁の前に立たされ、一心に神仏に祈り、その加護を願う心境に幾度も及んだ。

こうして、今、私は晩年を迎えたのだ。このあたりで、過ごしてきた日々を静かにふりかえり、私の「履歴書」をありのままに書き綴っておくことを思いたち、昔を思い出し、懐かしみながら、稿を進めてきた。

思えば長い道中であった。教育の道は、私にとって天与の運命ともいうべきものであったのであろうか。

このようにして私と学園が今日あるのは、神の助け、天のご配慮、そして多くの人々の支えに恵まれたおかげにほかならない。どなたさまにも、心の底からあつく感謝を申し上げてペンを擱《お》く次第である。

現・文京学院は創立者島田依史子の「自立と共生」の建学精神を受け継ぎ、文京学院大学（外国語学部・経営学部・人間学部・保健医療技術学部）、文京学院大学大学院（外国語学研究科・経営学研究科・人間学研究科・保健医療科学研究科、看護学研究科、福祉医療マネジメント研究科〈専門職大学院〉）、文京学院大学女子高等学校、文京学院大学女子中学校、文京学院大学文京幼稚園、文京学院大学ふじみ野幼稚園を擁する総合学園に発展し、令和6（2024）年には学院創立100周年を迎える。

［島田依史子　略年譜］

年代	年齢	出来事
1902（明治35）年	0歳	2月16日、本郷で誕生
1908（明治41）年	6歳	追分尋常小学校入学
1914（大正3）年	12歳	本郷高等小学校入学
1915（大正4）年	13歳	東洋家政女学校へ編入
1917（大正6）年	15歳	共立女子職業学校乙部受験科へ入学
1919（大正8）年	17歳	共立女子職業学校乙部受験科卒業
1920（大正9）年	18歳	文部省中等教員検定試験に合格
1924（大正13）年	22歳	島田裁縫伝習所を開く
1925（大正14）年	23歳	島田裁縫伝習所を本郷女学院に改称
1927（昭和2）年	25歳	本郷女学院を本郷家政女学校に改称
1932（昭和7）年	30歳	十佳女子高等職業学校開校
1935（昭和10）年	33歳	本郷家政女学校を本郷商業家政女学校に改称
1947（昭和22）年	45歳	本郷商業家政女学校を文京女学院に改称 新学制により文京学園中学部開校 財団法人文京学園設置
1948（昭和23）年	46歳	文京学園女子高等学校開校 文京学園中学部を文京学園中学校に改称
1951（昭和26）年	49歳	財団法人文京学園を学校法人文京学園に改組
1954（昭和29）年	52歳	東京都知事より教育功労者表彰受章
1959（昭和34）年	57歳	文京女学院医学技術者養成選科開校
1963（昭和38）年	61歳	藍綬褒章受章
1964（昭和39）年	62歳	文京女子短期大学開学
1967（昭和42）年	65歳	文京短大付属高等保育学校開校
1969（昭和44）年	67歳	文京保母専門学校開校
1972（昭和47）年	70歳	勲四等宝冠章受章
1983（昭和58）年	81歳	8月23日逝去

信用《しんよう》はデパートで売《う》っていない
教《おし》え子《ご》とともに歩《あゆ》んだ女性《じょせい》の物語《ものがたり》

二〇二四年二月十六日　第一刷発行

著　者　島田依史子《しまだいしこ》

発行者　堺　公江

発行所　株式会社講談社エディトリアル
郵便番号　一一二-〇〇一三
東京都文京区音羽　一-一七-一八　護国寺ＳＩＡビル六階
電話　代表：〇三-五三一九-二一七一
販売：〇三-六九〇二-一〇二二

印刷・製本　株式会社ＫＰＳプロダクツ

定価はカバーに表示してあります。

ISBN978-4-86677-134-2